なぜ韓国は未来永劫幸せになれないのか

中韓を自滅させる準備を始めよ

黄文雄
Ko Bunyu

ビジネス社

はじめに　韓国人は親日になることでしか生きのこれない

「今、日韓関係が戦後最悪の事態を迎えている」といって反論する人は、おそらくいまい。二〇一八年の十月以降に起きた日韓問題だけをざっと並べてみても、旭日旗《きょくじつき》掲揚騒動、徴用工異常判決、慰安婦財団解散、韓国駆逐艦によるレーダー照射事件、文喜相《ムンヒサン》韓国会議長の天皇謝罪要求発言と、これだけある。すべて一方的に韓国側がひき起こした問題であるにもかかわらず、文在寅《ムンジェイン》政権は機能不全どころか、逆切れして日本に責任転嫁する始末である。嫌韓、反韓という次元ではなく、これまで政治に関心のなかった日本人にさえ、韓国の異様さが白日の下にさらされた。にわかに「日韓断交」の声が高まっている。

しかし韓国が異常であることは今に始まったことではない。文在寅大統領のような反日（反米）親北の極左大統領は、金大中《キムデジュン》、盧武鉉《ノムヒョン》といったぐあいにこれまでも何人もいた。問題なのは韓国の理不尽な反日政策の事実をひた隠して、あたかも日韓友好があるかのように報じていた日本のメディアである。しかし、さしものメディアも今回ばかりは韓国をかばい切れなかっ

じつは似た者同士か？　文在寅と金正恩

たというだけだ。朝日新聞をはじめとした反日メディアは結果的に日韓関係を破壊したといっても過言でない。日本に核・弾道ミサイルを向け恫喝《どうかつ》する北朝鮮と、その北朝鮮に急傾斜し、「話が通じない」「お話にならない」韓国という国が存在する朝鮮半島と隣国関係にある日本は、不幸だというほかはない。

「幸せ（幸福）とは何か」は昔から宗教や思想、哲学、心理学、社会学、精神・医学など各分野でさまざまな論議があり、問われつづけている問題である。もちろん「奴隷《どれい》の幸福」や「二人きりの幸せ」もあろう。有史以来、韓国・朝鮮といった「小中華」の国ぐに、そしてそこに住む人びとは、大中華である中国に依存する「奴隷の幸福」を求めているのであろうか。あるいは、小中華として

「韓国の常識が世界の常識」という自己中心的な「ウリジナル（韓国起源説）」な幸せを確立しようとしているのか。

日本人が知らなければならないのは、小中華社会のエートス（社会的風習・意識）には「孝」は「万徳の本」という考えがあり、その歴史も長いことだ。本来それは「一家一族」が中心の「徳」なのだが、戦後、半島分断後の韓国では「一家一族」をのりこえ、ナショナリズムの育成と洗礼をうけて、国家・民族の次元まで高まったのである。

小中華のいう「孝」とは中国を「親」とし奉《たてまつ》る一方で、「弟」である日本は道徳的（ただし韓国から見た一方的な徳）に劣っているので、「兄」である韓国は何をしても許される。したがって、一九六五年の日韓基本条約における対韓請求権放棄＋有償無償の八億ドルをもとに「漢《ハン》江《ガン》の奇跡」を成し遂げても、日本に感謝する必要もなければ、その国際条約を一方的に破棄しても一向にかまわない。日本人から見てどんなに不合理で不条理でも「反日無罪」となるのだ。なるほど、差別問題、世代断絶、経済崩壊、倫理の喪失など絶望的な国内問題を抱えながらも、小中華はある意味、幸せなのかもしれない。

大中華は「反日」を国策にするが、大中華としての思惑もあるので、韓国のように病的ではないし、ウリジナル（韓国起源説）のように、すべてをパクって自国の文化だと主張する必要もない。いずれにせよ「反日」「侮日」を国策とする国とつきあっていかなければならない日本は迷惑千万にちがいないが、私は「反日国」から「親日国」へのソフトウェアの転換は決して不可能ではないととらえている。

それは半島の歴史が証明してくれる。それまで千年以上「仏教国家」であった朝鮮が李朝《りちょう》時代（一三九二〜一九一〇年）に「儒教国家」へと見事にソフトウェアをチェンジしたのだから、彼の国にとっては決して「不可能」なわざではない。しかも小中華の人びとは、矛盾だらけのことでさえ、平気でクリアでき、平然と素知らぬ顔もできる民族だからなおさらである。

「歴史を立て直す」という政府の呼びかけに万民が呼応して、ウソばかりの「韓流」歴史ドラマを製作しながら、「歴史修正主義」に反対と呼び声をあげる。「日本人の九九％は朝鮮からの食いっぱぐれ」と主張しながら、「日韓（鮮）同祖論」は「日帝」侵略の陰謀と批判する。こういう人たちにかかれば、「反日」でかつ「親日」といった「矛盾」くらいは止揚《しよう》（アウフヘーベン）できないことではないと期待するのは、はたして私だけだろうか。

私は自然生態学や、朝鮮半島の文化・文明史の考察によって、半島は四方八方からの「流民（土幕民《どまくみん》＝朝鮮半島に存在した流民）の吹きだまり場」であると説き、李朝時代に起きた山河崩壊と原始社会への先祖返りといった社会環境の連鎖的悪化によって、流民は再び家族連れで流出した史実を指摘した。人流、物流史から朝鮮半島の歴史を語るのは、まったく論拠のない空言や寝言では決してない。この観点からすれば、未来は半島の人口の三分の二まで、北からも南からも流出する可能性は大いにある。

ところで、韓国は自称「半万年」とも「八千年」の歴史とも唱えてその長さを誇らしげに語っているが、いずれホモ・サピンスの歴史にまでさかのぼるつもりであろうか。

本書は日本人には理解できない大中華に事大する小中華である韓国および韓国人のメンタルとビヘイビア（行動・態度）を、朝鮮半島の不幸な歴史から読み解くものである。マクロからだけではなくミクロの視点からも分析し、議論は多岐《たき》にわたっている。もちろんたんに「過去」を振り返るのではなく、日韓関係や東アジアにおける立ち位置を知らないではすまされない、日本および日本人の「現在」や「未来」に資するよう心がけたつもりである。日本人は小中華の反日に右往左往するのではなく、歴史の真実を知り、現在や未来に向け、もっと前向きになればいい。さすれば、進取の精神も自然的に生まれてくるにちがいない、と筆者は信じてうたがわない。

黄　文雄

はじめに　韓国人は親日になることでしか生きのこれない――2

序　章　戦後最悪の日韓関係

韓国反日の真の理由とは何かを探る――14
文在寅政権のもくろみ――19

第一章　だから韓国は反日をやめられない

小中華の「反日」に思うこと――22
強制連行は朝鮮半島の風習――27
「従軍慰安婦問題」の真相解明――32

第二章　外から見た朝鮮半島

「朝鮮半島は中国の一部」を公言した習近平の狙い――40
主権国家としての朝鮮半島の悲しみ――47
大中華と小中華の宗属関係の真実を読む――51
歴史幾何学から見た越南と朝鮮――53
台湾から見た朝鮮半島の人びと――56

第三章　絶対に幸せになれない歴史の韓国人

事大主義は生き様である――62
小中華思想の実態を探る――63
ウリジナルまでパクる韓国の悲しみ――67
小中華の「弱者いじめ」＝「反日」ではない――70
両班の時代をどう問うべきか――73

死に至る病の小中華の差別――79
なぜ小中華は「虐殺」の因習が国魂・国風に至るのか――84
朝鮮半島人物誌（英雄がいない）――88
世俗的人びとにとって「宗教」とは何か――94

第四章　世界から嫌われる朝鮮人のメンタリティ

ウソの主張で天皇侮辱を正当化する――100
救国戦士も「親日名簿」に入れて売国奴に――104
大中華と小中華はどこまで同じか――106
小中華の人びとの国民性を探る――108
ウソつきでないと生きられない社会の不幸――112
昔も今もすべて他人のせい――115
恨《ハン》の文化から生まれた小中華の悲劇――120

第五章　言語と文字はどこまでメンタルを決めるか

人類の歩みの中の言語と文字 —— 126
なぜ漢字を使いつづけてきたのか —— 127
日本が開発した「漢字・仮名混じり文」の歴史 —— 131
ハングルの創出がなぜ遅れたのか —— 134
「ハングル」ウリナラ自慢撃退記 —— 137
見えてきたハングル世代の限界 —— 140

第六章　自然生態から見える朝鮮半島の真実

東亜農耕文明の自然生態史 —— 146
自然生態史から見た東アジア世界の律動 —— 150
李朝朝鮮はなぜ儒教国家になったのか —— 153

日本による朝鮮半島の治山治水——156
農牧国家から産業国家への道——160

第七章 儒教国家・李朝朝鮮の悲劇

李朝太祖の易姓革命（仏教をつぶした両班）——168
「事大主義」のプラス面を考察する——171
なぜ韓国は「超先進国」の可能性がゼロなのか——174
なぜ朋党の争い＝内ゲバが李朝朝鮮の名物となったのか——177
なぜ李朝は宗教弾圧をするのか——181
国家破産の李朝の存立をおしつけられた日本——184

第八章　本当は史上一番幸せだった「日帝三十六年」

東アジアに新興国・日本が発した近代化の意義――190
「日帝三十六年」の七恩――194
日韓合邦の歴史意義と歴史貢献――197
小中華の「反日」の限界――200
中韓が「親日」国になる可能性――202

終　章　中韓を自滅させる準備をせよ

朝鮮半島の過去・現在・未来をどう知る――210
隣邦の小中華にどうすればいいのか――213
私の小中華「三策」――216

序章

戦後最悪の日韓関係

韓国反日の真の理由とは何かを探る

二〇一七年の文在寅政権の誕生以来、韓国の「反日」は常軌《じょうき》を逸《いっ》しているが、韓国の反日の真の理由とは何か？　中国・韓国が世界の多くの国とはちがって、ことさら反日感情が強いのはなぜか、どこがちがうのかというのはしばしば語られるテーマである。

南京大虐殺や従軍慰安婦といった歴史問題がことあるごとに蒸《む》し返されるため「過去」が問題であると思っている人が多いが、本質は「現在」にある。中国と韓国、すなわち大中華と小中華との最大のちがいは、大中華が「計算的」なのに対して、小中華は「病気」であるとともに「パクリ」の性格も強い。なぜかというと、たいてい中国の動きを見て連動しているせいだ。

表面の言行（ビヘイビアやエートス）だけでなく、その根源を冷静に見るのが大切だ。パラダイムを変えて冷静な目で見るのである。中韓両国と同じ土俵で、同じレベルでともに感情的になってしまうと何も見えなくなる。それこそ歴史に盲目であるだけでなく、未来まで見えなくなる。

朝鮮の文化風土は、昔からよく「恨《ハン》の文化」といわれ、論著まで多く出ている。しかし過去や現在に対する「怨《うら》み辛《つら》み」は、決して小中華だけでなく、大中華も同じ文化風土といえる。

半面「楽観的な民族」といわれることも共通である。「マイナス思考よりもプラス思考」ということもたしかだ。しかし本質的にはプラス思考というよりは「事大（弱者が強者に仕えること）主義」であり、「中華思想」なのである。

日本人は過去のことは水に流す傾向が強く、原始神道からくる「禊祓《みそぎはらえ》」もある。また、海外を美化し、他国の「理想」を現実としてとらえることも少ない。

たしかに日本人はマゾ的（自虐的マゾヒズム）であり、ことに戦後日本はその傾向が強い。私は六〇年代から半世紀以上、「マゾとサドの共演」の「東洋劇場」を観客として見てきた。しかしこのようなバカげた劇は、もはやすっかりマンネリズムとなって、アンコールの声もまばらとなり、観客たちがはっきりと減ったのである。おかげで、ここにきて醒めた目でより冷静に見ることができるようになった。

もちろん、私はもう日本に住んで半世紀以上になるから、日本および日本人を第三者の目では見られないし、余所者《よそ》でもない。ただ日本人とともに、感情的ではなく、理性的な目を養い、なぜ大中華と小中華の「反日」の理由が、「過去」にあるのではなく、「現在」にあるのかを冷静に分析したいのである。

私や家族、さらに祖先などの多くの個人に「過去」がある。また民族や国民などの集団にも「過去」がある。しかしいうまでもないことだが、「過去」のことは、すべて「歴史」として「文字」で記録されるとはかぎらない。たしかに大中華も小中華の人びとも、インド人と比べると「歴史」へのこだわりが強い。しかしその「歴史認識」は彼らのいうとおり決して「正しい」とは思わない。ことに大・小中華の人びとの「歴史認識」が「独善的」というよりも「都合」によって、ころころ変わるものだ。

もとより大中華の人びとは「歴史」よりも「小説」（フィクション）が大好きだ。その一例として歴史書の『三国志』よりも時代小説の『三国志演義』のほうがよく読まれている。毛沢東は『三国志演義』をつねに床頭《ベッド》において、繰り返して読んでは、「政敵《ライバル》」を打ち落とす手腕を磨いていた。もちろん「文学」や「文化」論争においても、毛沢東は『三国志』よりも『三国志演義』の人物像をとりあげていた。

中国人は「歴史」よりもフィクション（小説）が大好きであり、小中華の人びとはフィクションよりもファンタジーが好きだという見方は、正しいと私も賛成する。

韓国の「反日」の「お題目」は、はじめ「日帝三十六年の七奪」や「強制連行」にしぼられ、やがて「従軍慰安婦」、「徴用工」と広げていく。そして「独島《ドクト》」（竹島）によりナショナリズムを育てていくという手法である。

「メンタリティ」から見て、小中華の人びとが過去のことを云々するのは、自分の過去よりも他人の「過去」に焦点があるのだ。「過去」にこだわれば切りがない。ましてや小中華の人び

徴用工の遺影をもって歩く原告たち。どんな意味があるのか

とがいう「過去」とは、すでに百年近くも前の「過去」である。しかもウソやあいまいなことが多い。誰が見ても「ゆすりたかり」である。

　そもそも中国には「歴」や「暦」、「史」はあっても、「history」という近代的な「歴史」という意味のものではない。そもそも「歴史」も「和製漢語」である（中国では「新辞」「新語」と呼ぶ）。余談だが「人民」もそうで、中国では「人」は士以上の階級とされ、「民」は象形文字で、逃亡を防ぐために目を針でつぶされた奴隷を表す。『論語』には「君子（人）」と「小人《しょうじん》（民）」を区別し、「民はこれに由《よ》らしむべし、これを知らしむべからず」「女子と小人は養い難し」とあり、さまざまな視点から、註釈や論議がなされている。

　中国は日本から歴史をとりいれてから、いわゆる「正しい歴史認識」を好き勝手に他国におしつけるようになったのである。小中華もそのやり方を踏襲《とうしゅう》しているのだろう。

いうまでもなく史観も史説も、言語、文学、宗教、文化、国家、民族によって異なり、決して同様ではない。ところが大中華だけでなく、小中華も「官史」だけはあっても「民史」はない。官の歴史のみを「正しい歴史認識」として他人におしつけることは、「歴史からの自由」や「歴史への自由」をめざす多様な価値を具現する民主・自由の精神を冒瀆《ぼうとく》するものである。私がより広く過去、現在、未来のスパンをもって、森羅万象《しんらばんしょう》、世事、世相を見るべきだとすすめたい理由はそこにある。

第三者から見れば、明らかに犯罪である。私が大・小中華の人びとの「メンタリティ」を「ウソつき、ホラ吹き、裏切り」と総括するのは、「過去」のことからの「知識」＝「歴史」からの判断である。しかし、なぜ大・小中華とも「過去」のことに「我執」するかについては、「過去」ではなく、「現在」に理由があるとはっきり言明するのは、それがもっとも本質的だからである。そのポイントを見逃してはならないと注意を喚起したい。

「歴史に無知」なのは戦後の日本人ではなく、大・小中華の人びとであることを本書で明らかにしたいのである。

文在寅政権のもくろみ

文在寅政権は、盧武鉉政権をつぐ「反日米親北」政権とみなされている。盧政権以上に半島の南北統一をめざして、「韓国つぶし」と「反日の新しいお題目探し」に画策、狂奔《きょうほん》していくと予想される。日韓関係は以前にもまして、悪化の一途をたどっていくと見られる。

約束や協定、条約を守らないのは、朝鮮半島の風習である。これはフランス宣教師ダレ神父の『朝鮮事情』にだけでなく、朝鮮最初の史書としての『三国史記』から、「胡乱《こらん》」とされる大清王朝との「宗属（宗主国と従属国）関係」などの歴史を見ても明らかだ。まさに「裏切り」ばかりの歴史である。「レーダー照射」「徴用工」問題どころではない。

朝鮮半島の歴史を見ると、たしかに「統一王朝」の時代が千年以上もつづいたが、多国家の時代もあった。近代国民国家という時代になって、現在のように、南北二か国になったのは、時代の流れというよりも「理想型」な「国のかたち」と私は断言したい。

「統一国家」云々というのは、私は「時代錯誤」だと思う。なぜかというと、もしゲルマン人やスラブ人、そしてラテン系の人びとをすべて「一国家」の中に閉じ込めたら、この世界はいったいどうなるだろうか。ラテンアメリカの国ぐにをすべて「一国家」に統一したら、考えられない「恐ろしい世界」となろう。

宇宙物理からビッグ・バン、エントロピー、ブラック・ホールの理論や伝統的熱力学からは、「統一国家」など「大帝国」という国のかたちはエネルギーの消耗から必ず瓦解《がかい》・分裂する。だから「現代国民国家」という「国のかたち」は多様性を容認しやすいので、「理想型」とされる。

国家林立から「統一国家」の成立は、文明没落の象徴である。もっとも多くの文明をとりあげ、研究してきた英国の史家アーノルド・トインビーが、そのように喝破《かっぱ》している。現生人類は、なぜ二十五から二十七もあるヒト科の人類とはちがって、今日に至るまで生きのこっているのかという理由について、人類学からも生物学からも、多元化をされ、多様な生活様式からそれぞれの地域に適者生存の法則に適応し、多元性を守ってきたからである。

北の金王朝のみならず、南の文在寅政権とも「時代錯誤」の思考とビヘイビアから、人類にとっては厄介《やっかい》な隣人どころか、これからの世を攪乱《かくらん》する因子となるのは明らかであろう。

第一章

だから韓国は反日をやめられない

小中華の「反日」に思うこと

以前、テレビの討論番組に出演したさい、私の発言をめぐって、袋叩きにされたことがある。中韓の「反日」をヤクザにたとえて「どうつきあうかの前にどう向き合うかを問うべきだ」と発言したのであるが、ヤクザを引き合いに出したのがいけなかったようだ。「ヤクザ」がタブーの用語だからであろうか。あるいは単なる登壇者の面々のパフォーマンスか、今でも不明のままである。だが中韓両国はヤクザよりも、はるかにえげつないのはいうまでもない。

私はこれまで「反日」をテーマとする著書については、数十冊を数え、繰り返し世に問うてきた。「反日」は八〇年代から日・中・韓の一大関心事となり、一時「行事化」された観もあった。

「反日」は外交問題にもなり、「河野談話」（一九九三年）、「村山談話」（一九九五年）はおろか、小泉純一郎元首相による「謝罪パフォーマンス」をたびたび演出した。国際社会に対し日本は「犯罪国家」であるとみずから言明するような世にも不思議な「演出」である。

戦後、時間軸から追っていくと小中華に見られる「反日」の性格は、比較的わかりやすい。朝鮮戦争が終わり、一九六五年に結んだ日韓基本条約により、いかなる「日韓問題」も一見「一

韓国のアイドル防弾少年団メンバーが着ていた原爆Tシャツ

件落着」のように見えた。ところが八〇年代に入って、教科書検定において中国への「侵略」を「進出」に書き換えたとされる、いわゆる「教科書誤報」事件をきっかけに一変した。文革後の、改革開放をめぐる大中華の国内問題から、「歴史問題」としての「反日」運動が起こり、韓国もそれに追従する。「正しい歴史認識」のおしつけにくわえ、「靖国参拝」問題が起きた。すると韓国は「反日」の題目探しに躍起となり、「日帝三十六年の七奪」「強制連行」、「性奴隷」とされる「従軍慰安婦」などヒット作を編みだした。「竹島（独島）」領土問題、「日本海（東海）呼称問題」、最新作としては「旭日旗（戦犯旗）問題」「徴用工問題」「自衛隊機レーダー照射事件」まで、「反日」のテーマは続出する。

かつて筆者は、大中華と小中華との「反日」のちがいについて次のように言及したことがある。大中華は計算的で日本の反応を見て、損得計算しながら得にならないことは絶対しない。たとえば中国国内で起きた「反日デモ」は〝官製〟であり公安に引率されながら、日本企業をはじめとした外国企業の経理室や金庫を襲撃するのが通例である。「カネの掠奪《りゃくだつ》」が目的なのだ。たいていデモ隊は外国企業の組合幹部に案内され、カネの略奪に突進する。したがって、外国企業はいざデモになると、金庫か会計・経理室を守るのが対応策の「常識」である。

一方、小中華の「反日」は病気といっていい。たとえば糞便を投げたり、全身にミツバチを群がせるパフォーマンスやら、指を切っての抗議、極端な場合、自宅に火をつけることさえある。最近の医学的研究では、朝鮮・韓国人特有の民族的病気として「火病《ファビョン》」という研究発表もある。小中華の「反日」は感情的というよりも病的なのだ。

小中華の反日、なかんずく韓国の反日について「歴史問題」のみに目を向けていると考えるのは、見当ちがいのことも多い。日本のマスメディアは主にここだけに目を向け、語りつくそうとする。

しかし、小中華の「反日」策はただ「正しい歴史認識」や「靖国参拝」など、いわゆる「歴史問題」だけだろうか。現実的には大統領が代わるたびに、以前の約束や条約までも反故《ほご》にして、「反省と謝罪」だけでなく、数千億円の金までを手にした。しかもその行事化をも狙い、いつも新しいゆすりたかりのお題目を探しつづけている。

つまり、「反日」は国策であり、「反日業者」が補償金稼ぎのために「反日パフォーマンス」に明け暮れているというのが実態なのである。逆にいえば、韓国の反日業者に対し日本が「無知」であるのが悪いのである。反日業者の罠《わな》にまんまとはまり、ゆすりたかりを甘受しているのだ。要するに日本はカモネギなのである。

いざ「反日」を韓国の国策として定めると、学者や運動家やメディアだけでなく、芸能界まで反日ドラマを制作するべく資金獲得に動く。そのさい、「テーマ」が過去の歴史だけだと、どうしても飽きがくる。そこで、彼らが利用するのが「反日日本人のご注進(チクリ)」なのである。

反日日本人のアイデアがないと、中国の歴史か自国史をモデルにするしかない。

たとえば、「掠奪」「搾取《さくしゅ》」の原像は、両班《ヤンバン》と奴隷をモデルとして創作すればよい。私は「強制連行」や「日帝三十六年の七奪」、「性奴隷」などが韓国の自国史をモデルに創作したものであると気がついたのは、話が小中華の歴史とそっくりだからである。これは決して邪推ではない。小中華の歴史の歩みと文化風土を理解すれば、そのやり口を知ることも決してむずかしいことではなかろう。

小中華の「反日」の国策化の動きに対して、日本の歴代政府は「反省と謝罪」という事なかれ主義で対処することを繰り返してきた。日韓問題や日朝問題も含めて、外交というよりは反日メディアや「進歩的」とされる知識人による「日日問題」だと見るも向きも少なくない。善隣（近隣諸国との関係を良好に保つこと）外交で処理するのがはたして適切であるかどうかは、大・小中華は今でも伝統的な「遠交近攻《えんこうきんこう》」を国策にしていることを鑑《かんが》みれば、日本は再考すべきことも多々あるだろう。

戦後、お人好しの日本人はついつい「反日」の罠にはめられ、国共内戦やら朝鮮戦争、ベトナム戦争など自国民族が殺し合う国際社会に目を向けずに、日本国憲法前文にある「平和を愛する諸国民の公正と信義に信頼して」という一文も改正できずにいる。もちろん醒めた目で近隣国を見る日本人も決して絶無ではない。前述のように、反日問題はじつは「日日問題」とまで喝破《かっぱ》する人もいる。しかし反日日本人に踊らされて、反日狂騒曲の大オーケストラに熱狂する人びともまた多いのである。

日日問題であるのと同様に、中韓もつきつめていけば国内問題という側面もある。自民族のもめごとを解決するための常套《じょうとう》手段は、外敵に目を向けさせることにある。日本がまんまと「反省と謝罪」をすることが、「反日」が鳴りやまない一因にもなっている。後の章で詳しく述べるようにルサンチマン（憎悪）にまみれ、「反日」でなければ民族の誇りを語れない韓国にとっては、道徳的優位に立つしか方法がないのだ。反日の理由は決して単一ではない。「反日」

でしか生きられない国ぐに、人びとはじつに悲しい宿命をせおっているのである。

したがって、問題は、日本がどうすればよいかということだ。終戦から七十年も過ぎているのである。「過去」に振り回されるは、いい加減にしたほうがいい。そのことに気づきはじめた人がふえていることだけでも、私は「日本人はじつにすばらしい」と絶賛したい。

では日本はこれからどうすすめばよいかとたずねられたら「中韓とどうつきあうか」と決める前に、はたして「つきあうべきかどうか」の再考をうながしたい。「どうつきあうべきか」ということは、「つきあいたい」と決めた後で考えればよいと思うのである。

強制連行は朝鮮半島の風習

ここからは「慰安婦」や「強制連行」などの捏造《ねつぞう》の歴史を具体的に暴いていきたい。

そもそも人さらいや拉致《らち》など「強制連行」は朝鮮半島の伝統風習だった。昔から朝鮮半島を含む、北方諸民族、ことに牧畜、遊牧、狩猟民の伝統だった。今でも中国の農村では日常的に行われ、児童誘拐などはメディアでもよく伝えられている。

しかも戦後になって、日本軍による朝鮮半島の強制連行の話が流行《はや》り、秀吉による二度の朝鮮出兵で朝鮮人陶工が強制連行されたとか、今の在日が朝鮮半島から日本に強制連行された二代目か三代目と説かれた。さらに北の朝鮮労働新聞は八七〇万人が強制連行と荒唐無稽《こうとうむけい》な数字を報道し、内戦と飢餓《きが》が繰り返されていた山東、朝鮮半島から大・小中華の民が満洲国に年間平均約一〇〇万人が駆け込み寺として殺到したことまでも、日本軍による「強制連行」とされた。少数の関東軍で年に一〇〇万の流民の「強制連行」が可能かなどということは、「常識的」には分析されていない。それでも戦後日本では「常識」として（あるいは常識らしく）すっかり定着しているのだ。「洗脳」（マインド・コントロール）とはじつに恐ろしい。

もともと朝鮮半島という土地は、四方八方から流れてくる流民（食いっぱぐれや土幕民）の吹きだまりの地である。しかし李朝時代の山河崩壊、原始社会のような物々交換経済へと先祖返りするにつれて、流民は半島から逆流し、ロシアや満洲に向かった。ロシアのコサック騎兵が白鳥狩りをしたと伝えられているようだが、それはじつはシベリアに密航した白衣を着た朝鮮人狩りだったともいわれている。また、満洲の地に入った朝鮮人は密猟《みつりょう》、密採《みっさい》、密墾《みっこん》をつづけ、満洲人や漢人農民と新開の地を争っていた。日韓合邦後には、日本列島にも殺到した。

朝鮮人の日本列島への流入は、もちろん日韓合邦以前からあった。「神功皇后《じんぐう》の三韓征伐《さんかん》」という伝説や「日本人の九九％は韓半島からの食いっぱぐれ」という話は別としても、百済《くだら》が新羅《しらぎ》に滅ぼされたさい、日本はその再興のため唐・新羅連合軍と白村江《はくすきのえ》で戦った（六六三年）ことは、「歴史的真実」と私は肯定する。百済が滅ぼされてから、その棄民《きみん》の多くが日本列島に渡来したこともおそらく史実として信頼していいだろう。もちろん戦後の日本に渡航、密航してきた朝鮮・韓国人が多かったことについては、「警察白書」に具体的な統計数字がでている。

私が「日帝」による朝鮮人の強制連行を絶対に信じないのは、朝鮮総督府が釜山港《プサン》で朝鮮人の日本渡航阻止に万策を尽くしていた史実があるからだ。濁音《だくおん》の発音が苦手な朝鮮人を見分けるために、「バ」を「パ」と発音する乗客は、釜山港で乗船を拒否するという強硬手段までとられているのである。対抗して朝鮮人の港湾組合も五万人規模の抗議集会を開いている。朝鮮労農総同盟と朝鮮青年総同盟が内務省と法務省に抗議しているのである。一九二八年から水上警察を動員して対策をとったが、それでも在日朝鮮人の数は一九二五年には一三万人、一九三三年には四六万人と八年間で四倍近く急増している。「強制連行」よりも「渡航阻止」が歴史の真実である。

台湾でも「少年工強制連行」などを「研究」すると称する学者がいたが、それもウソであることがすぐにばれた。台湾の少年工はきびしい試験に合格してはじめて日本への渡航を許されたのだ。それなのに、朝鮮人だけ「強制連行」があったとは、いかにも不自然でウソであることは比べてみれば明らかである。

日中戦争開戦後の一九三八年に、戦争のための国家総動員法、翌年には国民徴用令が施行されている。ただし内地の日本人が対象で朝鮮人には適用されなかった。内地の企業が「統制募集」（官斡旋《かんあっせん》）の名で朝鮮人労働者を募集できるようになるのは後のことである。

それでも「内鮮一体」のスローガンの下、渡日取り締まり撤廃と規制緩和を求める声は高まり、一九三四～三七年の渡日は一〇万人を突破した。このときもはや朝鮮では渡日規制を緩和せざるをえない状態だったのだ。それなのに日本に密入国したのも総称して「強制連行」といわれている。

ここ数百年来、朝鮮半島の人びとは自国の阿鼻叫喚《あびきょうかん》地獄からの脱走を繰り返し、現在でも欧米をめざしつづけている。朝鮮半島の南北を問わず、大脱走は一つの生態学的現象として理解するべきなのだろう。もちろん「脱北者」だけではなく「脱南者」はもっと多い。脱韓希望者は総人口の約三分の二と統計数字にもでている。これらを阻止しないと半島は北だけではなく、南もからっぽになりかねないだろう。「新両班」といわれる「脱南者」はお金のある企業貴族が家族だけを海外へ移住させる大中華の「裸官《らかん》」と同じような現象だ。

さらにOECDの加盟国として、どうしても首をかしげざるをえないのは、今でも「世界に冠たる養子輸出大国」であることだ。

朝鮮戦争から二〇〇七年までの累計では一六万人にものぼる養子輸出をしている（中央日報二〇〇七年十二月二十日付）。半島は生態学的に「脱北」「脱南」の祖国大脱走だけでなく、養子販売国という人口輸出立国でもある。

では半島からの大脱走をなぜ日本の「強制連行」とウソをつくのだろうか。それは朝鮮半島の自然生態学からだけでなく、そのメンタリティからも考察するべきだ。

今でも朝鮮半島は、人さらいや子供の誘拐に深刻に悩まされている。金大中の拉致や北朝鮮の拉致問題も謎につつまれ、解決の見通しすらない。朝鮮戦争時の強制連行なども実態は闇のままである。朝鮮は四方八方からの流民の吹きだまり場だけでなく、「強制連行」の歴史によってつくられたとも見ることができる。

朝鮮半島では唐軍やモンゴル軍、満蒙八旗軍《まんもうはっき》による強制連行の悲史を昔から繰り返してきたのだ。「強制連行」というのは、朝鮮半島の伝統的歴史文化とさえ言える。

高句麗《こうくり》の滅亡後、唐、大元、清の満蒙八旗軍による朝鮮人の連行はつづく。一六三六年の清の侵攻による丙子胡乱《へいしこらん》のさいは五〇万人、朝鮮の史書によれば人口の半数が北に連れていかれ、盛京《せいけい》（現在の瀋陽）の奴隷市場で売られたと伝えられている。数百人の朝鮮人を二人の胡人《こじん》（満洲人かモンゴル人）が後で追い立て「連行」というよりも、まるで牧童が羊の群れを駆り立てるように朝鮮人が黙々と北へ向かって行進するのみだった。

朝鮮戦争時の集団的な「強制連行」は史例であり、今でも韓国人の離散家族の問題となっているが、ほとんどうやむやにされる以外にない。

日本による「強制連行」とは、そういう朝鮮半島哀史を原像に創作されたウソなのである。

「従軍慰安婦問題」の真相解明

いわゆる「従軍慰安婦問題」は、戦後中国最大の反日ヒット作「南京大虐殺」政略のコピーではないかと私はつねづね思っている。

というのは、戦後中国の「反日のお題目」は、最初は「南京大虐殺」という「作品」だけではなかった。「三光《さんこう》作戦（殺しつくす・焼きつくす・奪いつくすこと）」や「万人坑《まんにんこう》（日本占領下の炭鉱などで出た大量の死体を捨てたとされる穴）」「田中上奏文（一九二七年、田中義一首相が天皇に極秘に行ったとされる上奏文。中国侵略の意図などが書かれているが、後に偽書であることが判明）」「黄河決壊事件（一九三八年六月、国民党軍が日本軍の進撃を止めるため、黄河の堤防を破壊した事件。一〇〇万人の犠牲者がでた。当初、中国側は日本軍の仕業だと宣伝していた）」などがあった。しかし「南京大虐殺」だけが日本側反日勢力の協力もあって各地方で展示会も催され、マンガ展まで開かれた。

そこで「事大主義」にしてパクリ好きの小中華の人びとも大中華の「ヒット作」を学んで、大々的に「性奴隷」として、「慰安婦」のブロンズ像までつくって日本市場だけでなく世界市場に売り出し、二匹目の「ドジョウ」を狙ったのであろう。小中華の「反日のお題目」は、はじめ

本当は米軍に殺された少女がモデルとされる慰安婦ブロンズ像

「七奪」やら「強制連行」しかなかった。ところが八〇年代後半に入り、いわゆる歴史教科書改竄《かいざん》問題云々をきっかけに、大中華が「正しい歴史認識」やら「靖国参拝」などの「反日攻撃」にでた。

小中華の韓国も大中華の「政略」に追随、唱和しながら、対日ゆすりたかりの中で「性奴隷」を売り出したとそう考える以外には説明のしようがない。大中華と小中華の歴史的文化風土の類似性から考えても、時系列を見れば合理的だと思うのである。

たいてい儒教国家の流れをくむ文化風土は、伝統的な父系社会の特質として女性は「家畜」と同一視され、孔子《こうし》が唱える「三従四徳」が女性観の特色である。そして「性」について語るのはタブー視される。

だが、「性史」ことに人類最古の職業とされる

「娼妓史《しょうぎ》」については、大中華と小中華の歴史はかなり異なることはたしかである。というのは、朝鮮人が東アジア史に登場する前には、春秋五覇《しゅんじゅうごは》の筆頭とされる桓公《かんこう》の国、斉《せい》はすでに巫妓《ふぎ》の原始時代をクリアして、国家売春制度を確立。千余年後の唐の時代には官妓と市妓、つまり民間売春もじょじょに発達し、宋以後には民間売春が最盛期に入り、貨幣の発達とともに売春は官妓から市妓へと発展したのである。

しかし朝鮮半島では国家の成立は比較的遅れ、貨幣流通も発達しないため、ずっと原始古代のままの巫妓、つまり「性奴隷」のままであった。李朝末期まで市場が「市《いち》」しかなく、流通も米や布中心であり、市妓はなく、巫妓、官妓の「性奴隷」が「妓生《キーセン》」の「かたち」として、開国から近代に至るまで、そのままのこっていたのである。

大中華と小中華の生活史を見ると、衣・食・住以外に、風習の一つとしての「娼妓史」にも宗属関係が明確に表れている。統一新羅が唐を宗主国として、朝貢、冊封《さくほう》の秩序体制にくみこまれる時代から、大中華は、すでに官妓、宮妓から市妓へと「娼妓（売春）史」がすすんでいくのに対して、朝鮮半島の国、あるいは国ぐにには、なおも巫妓、官妓、宮妓など「性奴隷」の原始古代のままに止まっているのである。

「娼妓史」から見るかぎり、大中華と小中華の分かれ道を見ると、大中華の国家売春は孔子まで「徳政《とくせい》」と称賛。宮妓から官妓、宋の時代になると市妓として発展し、名妓が歴史の舞台にも登場している。

　しかし小中華は李朝時代に入ると、社会の退化、劣化につれて、物々交換の原始社会に先祖返りし、新儒教の朱子学から建前と本音が大きく乖離《かいり》して、市妓ではなく、私妓や「暗妓」として地下にもぐる。このちがいはもちろん、その背後の社会条件としての商品経済と貨幣経済の発展との関係が深い。『朝鮮開化史』に売春婦は三階級に分けられ、朝鮮の改革に関与した恒屋盛服《つねやせいふく》氏がいう「三牌《ぱい》の私窩子《しかし》」は宮妓、官妓としての妓生と異なる底辺の売春婦である。身分制度としても、じっさい「性奴隷」そのものである。

　風習・倫理道徳史からも、大中華と小中華は、「宗属」関係がはっきり見られる。貢物の中には、金、銀、牛、馬、奇品、珍品・特産の朝鮮人参など以外に、奴隷としての性奴隷、朝鮮の貢女《こうじょ》（宮女）、宦官《かんがん》（宮廷に仕えるため去勢された男性）もあったほどだ。

　唐の時代には、唐の皇帝は鮮卑《せんぴ》人（トルコ人系）であったため、皇帝の好みは胡女（ペルシャ系）が多く、統一新羅からの献女があっても、人数はそれほど多くはなかった。

　清の時代に入ると満洲人、モンゴル人が王朝、歴史の主役だから、宮女は満洲人に限定された。朝鮮からの貢女は宮廷から排除され、将軍や高官たちは、朝鮮の国王の娘や高官貴族の娘を要求、妓生を拒否して、風習・風俗史は激変した（詳しいことについては李光濤著『多爾袞《ドルゴン》徴女朝鮮史事』（台湾・中央研究院歴史言語研究所））。朝鮮駐劄《ちゅうさつ》軍司令官だった青年将軍の袁世凱《えんせいがい》が閔妃《みんび》の妹を妾《めかけ》にしたこともその一例である。清の兵士も妓生ではなく、両班の娘に酌《しゃく》をすることを要求していたほどだ。

朝鮮半島の貢女と宦官が力をふるったのはモンゴル人の大元の時代である。高麗人宦官の朴不花は高麗国王の廃立にまで関与するほど力をもった。そして、元最後の順帝《じゅんてい》の奇《き》皇后が高麗貢女の出身であったため、もし元が明に追われなかったら、高麗系の皇太子が中華帝国、大元王朝、皇帝になった可能性はある。

高麗・朝鮮の「性奴隷」の選別をつとめる役人は「色吏」と呼ばれ、「結婚都監」や「寡婦処女推考別監」などの役所がその一例である。朝鮮貢女の内ゲバで、明の永楽帝《えいらくてい》の愛妃、権賢《けんけん》妃《ひ》が毒殺されてから、明の帝室、宮廷内でも朝鮮貢女の受難の時代がつづく。朝鮮の役所には不正が多いので、宗主国が朝鮮貢女の直接選別にあたることになった。

そもそも朝鮮の地は、李朝時代には儒教国家は上部構造だけで、アジア史の中ではもっとも代表的な家奴《かど》（家内奴隷）国家だった。李朝末期にはソウル（漢城）の売春婦が名物であり、アジア最大の「性奴隷」の輸出国となっていた。台湾がその一例である。南国台湾と朝鮮との民間の人的交流は、清の支那商人（女衒《ぜげん》）から売られてきた女たちが働く、台湾北部炭鉱の売春宿が嚆矢《こうし》である。以来、日本統治時代五〇年の間、台湾の各大都市の売春宿はほとんど朝鮮人に独占されていた。

ちなみに中国人売春婦の数はWHO（世界保健機関）の統計では六〇〇万人、中国の推定数字は三〇〇〇万人の説もあり、その総売り上げではGDPの一〇％にものぼると推定される。今の国際売春市場ではそれぞれ五万人の中韓対決を裏で展開しているといわれる。

もちろん「性奴隷」の解放については、朝鮮半島史においても決して絶無ではなかった。高麗朝時代には一度、性奴隷解放の議がなったものの、崔承老《さいしょうろう》らの功臣保護論によって反対された。李朝三代国王太宗《テジョン》の時代にも性奴隷の解放をこころみたが、許稠《きょちゅ》らの貴族子弟保護という理由で葬られた。朝鮮の奴隷解放は、国民平等をめざす「日帝時代」になって、性奴隷をも含めてやっと実現するに至ったのは特筆すべきであろう。朝鮮人の「恨の文化」からすれば、「性奴隷」に対する恨み辛みはじつに大きい。朴正熙《パクチョンヒ》大統領時代の「売春立国」も妓生を表にし、私妓が暗躍、いわゆる退廃理髪店やらコーヒーショップが私妓の暗躍の基地となっていた。

今でも韓国は性犯罪の大国として、一日平均六〇件以上の性犯罪が横行。アジアの性暴行国家として欧米諸国までが警戒を呼びかけていた。韓国の水商売関係者は平均九人に一人の割合であり、「売買春」問題をめぐっては国内問題としても、もめにもめつづけている。その国内事情の延長として、「反日のお題目」としての話題づくりに利用されているのではないかと連想させられるのである。

第二章

外から見た朝鮮半島

「朝鮮半島は中国の一部」を公言した習近平の狙い

習近平国家主席が訪米のさい、トランプ米大統領に「朝鮮（コリア）半島は中国の一部」と発言したことは、一時話題になったものの、大きな波紋は起こらなかった。

「朝鮮半島は中国の一部」という考えは、決して習近平主席一人の思いあがりや錯覚ではなく、中国知識人（文人）および中国人留学生（日・米・欧）の多くもまったく同様な国家観をもっている。私も香港からの留学生が韓国人学生に向かい、「われわれ中国人」と言っているのをよく耳にしたことがある。

中国人が「小中華は中国の一部」とみなすのは、決して高句麗、渤海《ぼっかい》や長白山《ちょうはくさん》（白頭山《ペクトゥサン》）をめぐる国史論争や領有紛争においてのみ見られることではない。それは教育とメディアの洗脳というよりは、十四億の大中華の天下観であり、いくら戦後に韓国が小中華は属国ではなく「友好関係」と再教育をこころみても、数の上では、中国のほうが圧倒的に多く、声も大きい。

たしかに今では「中国人の常識は世界の非常識」が周知されるようになったが、西洋の賢人たちまで朝鮮は「大中華の一部」として「認識」していた時代もあったのである。朝鮮半島が「大中華王国」とは別の存在だと知ったのは、イベリア半島発の大航海時代、そしてローマ教会の宣教師たちの来航を経て、しばらく経ってからのことであった。

たとえば、十六世紀に支那《しな》に滞在したアウグスティヌス会宣教師、マルティン・ラダは高麗を支那の属国としてあげているが、同世紀の著名な支那紹介書である『シナ大王国志』（ゴンザーレス・デ・メンドーサ著　岩波書店）では、朝鮮に関してまったく記述されていない。

西洋人宣教師たちの中で、朝鮮半島について、比較的詳細な記述を行ったのは、高名なイエズス会宣教師、マルティン・マルティニの『韃靼《だったん》戦記』（一六五四年）である。また、韃靼人（満洲人）支配下の十七世紀初期の朝鮮事情について、比較的詳しく記述しているのは、ヘンドリック・ハメルの『朝鮮幽囚記』（平凡社東洋文庫）である。

十九世紀の中期以後になって、英・仏をはじめとする西洋列強が、鎖国をつづけていたこの「東洋最後の秘境」に接触しだしたのである。「朝鮮事情」について、「大中華の一部」ではなく、「別存在」だと列強に知られるようになったのは、十九世紀末の「西力東漸《せいりきとうぜん》（西の勢力が東へおし寄せる）」後からのことだ。

アヘン戦争（一八四〇～四二年）以後、西洋列強は相次いで東洋の国ぐにに開国を迫る。まず日本が開国、明治維新。一方、清国（大中華）は、「天朝朝貢《てんちょうちょうこう》・冊封秩序《さくほうちつじょ》」を死守するために、清・韓（李朝朝鮮）宗属関係（主従関係）の強化を図る。朝鮮の最高実力者・大院君《だいいんくん》を天津まで強制連行し、「商民水陸貿易章程」（一八八二年八月調印）を締結した。そこには「古代から属国であるので、清政府とのすべての問題における交通の規範は固定されており、変更の必要はない」と記してある。

清朝の朝鮮管理強化について、たとえば、朝鮮の第三国への公使派遣は認めるが、「全権」の二文字だけは使用が禁止されている。これらは「另約三端《れいやくさんたん》」（してはいけない三つのこと）として順守が明記されている。

このように朝鮮半島は、日清戦争後の下関条約第一条に「朝鮮独立」が明記されるまでは、習近平主席が明言したように「中国（清朝）の一部であった」のであり、国際的にも認知されていることだった。

じっさい一八八五年、イギリスが朝鮮半島の巨文島《コムンド》を占領したときも、李朝には通告せずに、イギリス駐在清国大使の曾紀沢《そうきたく》（実力官僚、国藩の嗣子）に連絡がいった。それをうけた曾も、やはり李朝政府の頭越しに占領を了承したのだった。国土変更までもが、清の裁量でなされたのである。

現在、世界の国数はすでに二〇〇か国近くになり、人口も七〇億人をはるかに超え、今世紀には一〇〇億まで達すると予想されている。しかし、世界でどれだけ多くの人が韓国・北朝鮮が決して「中国の一部ではない」ことを知っていようか。私は疑いの目で見ている。

もとより、大中華には「天下王土に非《あら》ざるものなし」といって、天下（世界）はすべて「中国のもの」という「王土王民」の思想があった。清の時代に書かれた「乾隆職貢図《けんりゅうしょっこうず》」や「嘉慶《かけい》会典《かいてん》」といった絵図や法典集には、オランダ、イギリス、ローマ法皇庁に至るまで、清王朝の朝貢国とされた。今の中国の言論人にしても「中国はすでに強くなっている。世界をすべて取り戻す」とハナ息が荒い。「朝鮮半島は中国の一部」という習近平主席の発言を、中国人の「常識」と見るのは、はたして私一人だけの邪推だろうか。

では、なぜ習近平主席は「朝鮮半島は中国の一部」とロシアのプーチン大統領ではなく、トランプ大統領に公言したのだろうか。中国の政治家の発言は「国外向き」と「国内向き」とではまったく意味が異なる。中国には「沈黙は金」「無言は有言にまさる」という格言もあるのに、習近平主席がトランプ大統領にそのように公言したのは、オフレコでも「失言」でもなく、一石二鳥以上の戦略目的があると私は見る。

内外に向け、はっきり言ったほうがベストでなくてもベターと思ったからだろう。今の中国は昔とはちがう。中国の覇権により東アジアに平和が訪れるとする「パックス・シニカは、二〇二五年にやってくる」と広言を吐く。国内にも「国際法などは西洋人が勝手に決めたものだ。中国は絶対認めない」という強硬な声がある。やがて中国の国力はアメリカの国力をも上まわるという過信もあるだろう。そして「北朝鮮の核問題の処理はロシアよりもオレにまかせろ」という計算がくわわる。

現に、吉林省の朝鮮族は中華民族の一員であり、韓国の前大統領である朴槿恵《パククネ》も、日米両国が制止するのをふり切って中国共産党の抗日勝利七十周年の式典に出席したし、文在寅大統領などは中国から「冷遇」されても、夫人、側近を連れて大勢で北京詣《もうで》にでかけるのである。中国の「お墨付き」がないと、いくら逆立ちしても「朝鮮半島のボス」にはなれないのだ。これでは中国人でなくとも朝鮮半島は「中国のもの」と思ってしまうだろう。

ただし、習近平主席が「朝鮮半島は中国の一部」にとどめ、より強硬な「絶対不可分」やら「核心的利益だ」とまで明言しなかったところからすると、国内向けのアピールにも見える。というのも二〇一三年に、中国はオバマ大統領に太平洋を米中両国で二分しようと「G2」体制を呼びかけたことがあったが、米国に一蹴《いっしゅう》された経緯がある。中国は南シナ海の軍事基地化、尖閣《せんかく》諸島の領有も国際的には承認されず、「一帯一路」も頓挫《とんざ》している以上、自制するほかはなかったのであろう。したがって内向きの発言と読むのが、妥当だと思われる。

中国には、チベット人やウイグル人、モンゴル人など、言語、文字、宗教はおろか、アイデンティティまで異なる文化、文明をもつ少数民族が五五も存在している。非漢族を無理やり「中華民族だ」と強制する。だから「小中華」とみずから宣揚《せんよう》する朝鮮半島の人びとに対して、「中国人の子孫だ」（中華民族の一部族）と言明しないのは、漢族・非漢族ともに納得がいかないのではないか。「中華民族の偉大なる復興の夢」というチャイナ・ドリームを朝鮮族や韓国・北

抗日戦争勝利七十周年記念式典に出席した朴前大統領（左端）

朝鮮の人々は共有させてもらえないのだろうか。

もちろん、中国人の中には朝鮮半島の人びとも「同胞」や「兄弟姉妹」と思い込む人が少なくないから、習近平主席がそういう人びとの歓心を買うことも狙いの一つにちがいない。

「事大（弱者が強者に仕えること）主義」は朝鮮半島有史以来の最大の生存法則の一つである。朝鮮半島のすべてのビヘイビア（行動・態度）は、その原理からまぬがれることはできない。唐の時代に統一新羅になってから、千年以上にもわたって中華帝国歴代王朝の属国となり、東の屏障《ついたて》とされ、日本など東夷《とうい》（東方の異民族国家への蔑称）からの「侵略」の防人《さきもり》となっている。

朝鮮は強いられた「事大」というよりも、みずから進んで強大な主人に家奴《かど》として仕えたいのだ。その一例として、北方の雄邦《ゆうほう》（契丹《きったん》、金、西夏《せいか》など）

の脅威におびえていた宋の皇帝が高麗の使節から「ぜひ主人になってもらいたい」と願われ、主人になりたくなくてこまった話は、有名である。

それどころではない。李朝の両班《ヤンバン》（朝鮮、高麗の特権支配階級）は、「小中華」よりも「大国人（支那人）」になりたかった人たちである。朝鮮にとって朝鮮独立は「千年属国からの解放」であるのに「熱烈歓迎」されるものとはかぎらなかった。「解放」といわれても逆に「不安」になることさえある。李鴻章《りこうしょう》の側近で、状元《じょうげん》（科挙のトップ）出身の張謇《ちょうけん》（後に立憲派のリーダー）は、中国の英雄とされる漢の武帝の「四郡」に学んで、「朝鮮省」と「東北（満洲）三省」をくわえた、「東北四省」を構想していた。

その構想がやっと北京朝廷の朝議の大勢になり、列強の軽挙妄動《けいきょもうどう》を阻止したいと策しているのに、「独立」しては「大国人になりたがる両班の夢を奪うことにひとしいので『恨骨頂』にもなろう」と述べている。

両班たちの「反日」の理由はここにもある。もちろん、そうでなくても朝鮮人は宗主国である中国を「父」と仰ぎ、日本を「弟」とみなしてきた。「大中華」という父にはひたすら「孝」をつくすしかないが、弟の日本には、兄から教えてやるのだから、何をしても「反日無罪」なのである。レーダー照射事件で明らかに悪いのは韓国海軍であり、ウソの上塗りがバレたにもかかわらず、日本に謝罪するどころか居丈高《いたけだか》に抗議するのも、それが理由なのである。

私は小学校のころ先生に「世界の人びとはみんな中国人になりたがる」と教えられた。それは孫文《そんぶん》の説だが、朝鮮史を勉強して、中国人になりたかったのはせいぜい李朝の「両班」くらいのものだと後で知った。

習近平主席がトランプ大統領に「朝鮮半島は中国の一部」とだけ注意を喚起し、ベトナム（インドシナ半島）には言及しなかったのは、南北朝鮮が「大中華」を父として仰ぎ、「事大一心」であることを知ってのことだからだろう。

主権国家としての朝鮮半島の悲しみ

習近平国家主席の発言に対して、韓国のメディアは「論評に値しない」と一蹴したものの、すぐにだんまりを決め込んだ。これにも考えさせられる裏事情が多々ある。たしかに習近平の発言は、日本人からすれば「時代錯誤《さくご》」であり「無知」であると思うだろう。

だがこの発言をしたのが習近平以外の人物であったなら、韓国のマスメディアはもっと大騒ぎしたにちがいない。しかしあえて「黙らざるをえない」のは、ただ習近平が怖いからだけではない。繰り返すが韓国人にとって「事大一心」が「生死存亡」の最大の原則だからである。

あるいは、「父」である中国に対しては「黙るままが最大の親孝行」という倫理道徳観もないではない。

新羅が唐軍の支援をうけて、百済、高句麗をつぶして、七世紀半ばに半島を統一してから、朝鮮半島の悲劇がはじまる。「千年属国（統一新羅朝以来、日清戦争に至るまで、千年以上にもわたって中華帝国歴代王朝の属国であったこと）」として、中国の歴代王朝から「お墨付き」がなければ、「半島の統一王朝」がなりたたないというのは悲劇以外の何物でもない。そして千年以上の仏教国家から李朝以後の儒教（朱子学）国家になって、悲劇がいっそう深刻になっている。西力東漸につれて李朝末期にこの「東洋最後の秘境」を探訪する西洋人は、宣教師以外にジャーナリストぐらいで、旅行者も少ない。

たとえば一九一二年に上梓されたスウェーデンのジャーナリスト、アーソン・グレブストが書いた『悲劇の朝鮮』（高演義、河在龍訳、白帝社）には朝鮮人について、こう述べられている。

「将来性がなく、中国人以上に散々な民族です。一千年前に眠ったその場所にいまだに留まっているんです。いっそうよくないのは、その眠りから覚めようとしないことです。自分の足で立ち上がろうとしないし、独立を望んでおりません。朝鮮人は独立がいやなんです。できればいろんな人に依存して責任回避したいんですよ。彼らの望むことといえば、ただ何の心配もなく、平和に暮らすことなんです。独立という言葉は、彼らにとっては恐怖を意味し、不信や無法と同じことです」

「事大一心」に耽《ふけ》って、独立心を失ってしまった悲劇に閉口する人も少なくなかろう。

また、李朝末期の監獄で行われた刑罰や恣意《しい》的な処刑の残酷さについては、F・A・マッケンジー（一八六九～一九三一年）の『朝鮮の悲劇』、前掲の『悲劇の朝鮮』、ホーマー・ハルバートの『朝鮮亡滅』、ダレ神父の『朝鮮事情』の各書に、さまざまな筆舌《ひつぜつ》につくしがたい目撃談がのこされている。

このうちグレブストの記述に「こんな状況がまだこの地球の片隅にのこされていることは、人間存在そのものへの挑戦である。とりわけ、私たちキリスト教徒がいっそう恥じるべきは、異教徒の日本人は朝鮮を手中にすれば真っ先にこのような拷問《ごうもん》を廃止するだろうという点だ」とある。

日露戦争直後、李朝末期の断末魔のような陰惨な光景を目の当たりにして、人間の尊厳にかかわる犯罪を救うためには、日本人に期待するしかないと思ったのだ。

バード・ビショップ夫人は著書『三十年前の朝鮮』（東亜経済時報社）最終章の中で、朝鮮国民を「官吏貴族に虐《しいた》げられた人びと」と形容している。さらに彼女は朝鮮の独立はきわめて困難、将来を望むこともむずかしいと指摘している。その理由として、「国家をあげて独立独行の精神に欠けている」と断言している。

東亜世界のもっとも典型的な奴隷社会が李氏朝鮮である。清朝は支那人をすべて家奴（家内奴隷）にしてもそれはただ名目的であり、二十世紀初頭の青年革命家、鄒容《すうよう》はベストセラーになった『独立軍』の中で、中国史は一種の「大奴隷史だ」と語っている。近代中国文学の父とされる魯迅《ろじん》が中国史の時代区分について、①奴隷になろうとしてもなれなかった時代、②しばらく奴隷になれて満足する時代と二分すればよいと主張するが、もっとも典型的な奴隷社会は、やはり朝鮮半島の社会である。

「事大」は、千年属国から生まれた精神風土である以上、脱出することはむずかしい。西力東漸後の列強の時代となって、中華帝国歴代王朝のころの「事大一心」の原則は、たしかに動揺し、列強への「事大」はころころと移ろい、戦後の南は日米、北は中ソ（露）に変わったものの、「事大」の原則は変わってはいない。「事大」以外に変わらないのは、階級意識である。李朝時代の両班と奴隷という二極の階級社会意識は、戦後に至っても南・北とも依然として存在している。両班意識は南では大財閥に継承され、北では党幹部が相続している。

習近平の大中華意識についての発言に南北とも「知らんぷり」を決め込んでいるのは、小中華が大中華に仕える「事大」意識からくるものと私が分析する理由はここにある。

大中華と小中華の宗属関係の真実を読む

大中華と小中華の宗属関係は苛酷《かこく》というしかないほど徹底していた。

清朝の時代には、李朝朝鮮は「年号」も清のものの使用を規定されている。李朝は儒教（朱子学）国家として、崇儒排仏《すうじゅはいぶつ》を行い、孔子廟以外の仏寺や道教の寺廟を廃寺にしたが、明の時代には皇帝を神として拝み、清の時代になると、『三国志演義』や『西遊記』の登場人物である関羽《かんう》や孫悟空、猪八戒も神として拝むようになるまで、大中華による精神的支配が深まる。

また、朝貢品目は主に礼部（文部省）によって品目の明細が作成され、朝鮮は貧しい国だから、しかもごまかしも多いので、ことにチェックがきびしい。

税金の徴収については、北京からの満洲（女真系《じょしん》）特使が年に三回徴収にくると『朝鮮幽囚記』にある。李朝朝鮮が大清朝廷への朝貢国の中で、朝貢の回数がもっとも多い理由として、皇帝から朝貢に対する回賜《かいし》（下賜）品が多いからで、朝鮮は名よりも実を取ったという説がある。

しかし、清の朝廷は唐の時代ほど回賜をばらまかない。一〇分の一程度しか回賜しないという研究論文を読んだことがある。

「朝貢・冊封秩序」を「朝貢貿易」と称する学者は少なくないが、それは近代西洋思想の影響で、「経済」に限定するという経済中心的な考えである。じつは中華の朝貢のシステムはきわめて政治的であり、経済はどうでもよいとも言える。朝貢は、皇帝の機嫌しだいできわめて恣意的なところも多く、属国の生殺与奪にも影響した。これが国家関係のもっとも基本的な主従関係の構造なのである。

宗主国と朝貢国との国書の格式規定も一字一句、繁文褥礼《はんぶんじょくれい》（礼儀や規則・形式などがこまごまして煩《わずら》わしいこと）と言えるほど厳格であった。皇帝を君父と称し、書式や用語も礼部によってチェックされる。朝貢国の国書の中で、「京師《けいし》」「儲君《ちょくん》」「詔」「旨」といった文字はご法度《はっと》である。「王妃」は后の字の使用まで禁止されていた。最後に、「謹んで死を待って詔命を乞う」と書かなければならない。一字誤っただけで、国家の存亡にかかわるほどのものであった。

たとえば朝鮮国王、粛宗《しゅくそう》（在位一六七四〜一七二〇年）は一六九五年、後宮の廃妃のことについて、康熙帝《こうきてい》（在位一六六一〜一七二二年）に上奏文を提出したが、その表現が帝の怒りに触れ、礼部は朝鮮国王に罰金として銀一万両を申しつけ、毎年の貢納の下賜《かし》（見返りの賜り物）を三年間停止し、粛宗はあわや退位させられそうになったことがあったほどだ。

清と朝鮮の宗属関係は、名目的には皇帝の下になるが、実質的には清朝廷大臣の下である。王妃、世子《せいし》の冊立《さくりつ》（勅命で立てること）、改廃なども皇帝に報告、許可を義務づけられている。明の時代から、宗主国使節が来るたびに、国王はみずから郊外にでる。清の時代になると迎恩《げいおん》門《もん》まで出迎え、宴会では慕華館《ぼかかん》で世子（太子）が酒を供するのが通例であり、これはいわゆる臣下の礼である。朝鮮国王を管轄するのは、清朝の北洋大臣や直隷総督、あるいは任命をうけた代理人だったのだ。

また李朝国内に発生するすべてのことの委細を一つ一つ細かく清朝廷に報告しなければならない。たとえば崇徳七年（一六四二）、日本の日光東照宮に燭台《しょくだい》を送ることまで、宗主国に報告し、忠誠を示す。もちろん朝鮮国内だけの事情ではなく、いわゆる「倭情《わいじょう》」（日本の事情）も報告せねばならず、くわえて日本への使節派遣については、朝廷へ報告、許可を義務づけられていた。大院君が京城から天津まで強制連行されたのは、北京朝廷の許可なしに、勝手に朝鮮国王に代わってふるまった越権行為とみなされたからである。清の皇帝に奏文を上奏し、許可を得るためには、朝廷の重臣に賄賂《わいろ》を贈るのが習わしになっていたので、今日の韓国社会の賄賂の風習も、この朝貢冊封システムからくる文化の一つである。

歴史幾何学から見た越南と朝鮮

世界からも東洋史からも、南の越南《えつなん》（ベトナム）と朝鮮（コリア）は、中華帝国諸王朝の二大属国とされてきた。中華冊封体制の中でももっとも代表的な「千年属国」とされ、漢字や儒教文化・文明圏とされることが多い。しかしながら、越南と朝鮮は精神史や文化・文明史から見ると、まことに対照的であり対極的である。

生態学的には、越南は稲作なのに対して、朝鮮は東アジア最北の稲作の地であっても、単位面積の収穫高は、ほぼ日本の三分の一にすぎなかった。稲作よりも黄河流域と同じく、雑穀作の地である。インドシナ半島に位置する越南は、陸の東南アジアがインド文明のサブシステムであったのに対し、中華文明の影響が強く、大乗仏教の国である。伝説的には、華夏《かか》の民、趙《ちょう》佗《だ》がつくった国である。一方、朝鮮は、殷《いん》が周《しゅう》に滅ぼされてから箕子《きし》が朝鮮をつくったとされるが、それはあくまでも大中華の伝説であり、それぞれの国史が異なる。

中華帝国歴代王朝との関係性のちがいは、朝鮮が「事大一心」に対し、南の越南は一貫して「反大中華」の歴史である。モンゴル人の大元王朝の史例を見ても、フビライ・ハーンが高麗を属国にする前に、ハーンの祖父にあたるチンギス・ハーンに対して、高麗国王はすでに宮廷慰安婦を献上して、「事大」の意を明らかにしている。モンゴル軍は平原ならめっぽう強く、南宋はモンゴル軍が長江から下るのを見ただけで、各地の有力者は抵抗せずに競ってモンゴル軍の軍門に降った。しかしそのモンゴル軍が陸で挫折したのは、ベトナム軍の抵抗だった。海では、日本遠征と南洋遠征ともに失敗してしまった。

漢以後の越南は、大中華の属邦として千年にもわたって支配されても、宗属関係は「名目的」

なだけで、大中華帝国歴代王朝の侵略には、激しく抵抗している。ことに十九世紀のはじめ、グエン王朝がベトナムを統一した後に「南越国」を号したところ、清王朝から「越南」にされた。しかし対外的には、あいかわらず「大安南」を名乗り、抵抗しつづけていた。

かつての「南越国」は、今日の広東《カントン》・広西《こうせい》をも含み、首都は今日の広州にある南アジアの大国だった。したがってベトナムでは、百越《ひゃくえつ》（中国の春秋時代以降、華南からベトナム北部にかけて広く分布していた民族、またはその建てた国をさす名称。民族が多いためこう呼ばれた）の地は、中華帝国歴代王朝に侵略された祖先の地であるという声も大きく、かつては南ベトナムの歴史教科書でもそのように教えていた。

周恩来《しゅうおんらい》元総理は、ベトナム人をなだめるために、日越協会の田英夫《でんひでお》会長に「ベトナムの統一戦争後、海南島を統一ベトナムに返還する」と約束したが、鄧小平《とうしょうへい》の時代になると、ベトナムと「懲罰戦争」（一九七九年の中越戦争。鄧による軍の粛正の意味があった）まで引き起こした。

ベトナムは中国とほぼ同じく五十以上の種族があり、かつての仏領三国は、今でもそれぞれ独立国家として、北欧のスカンジナビア諸国と同じく国家が林立している。朝鮮半島は、南北以外には中国吉林《きつりん》省にも朝鮮族の寧辺《えんぺん》自治州があり、三つの朝鮮となっているので、民族国家（国民国家）時代では多くの課題がある。

中華の「天朝朝貢・冊封秩序」の中で、朝鮮は特筆すべきことが三つある。第一に清の時代の朝貢国の中で、朝鮮はいちばん朝貢の回数が多く、第二に地位は下の下国とされ、第三に長城外の種族の中で、朝鮮民族は唯一、中華帝国諸王朝の主役（天子）になったことがないことである。北魏《ほくぎ》、隋、唐諸王朝は鮮卑人がたてたものであり、金、清はツングース（東胡）系、遼《りょう》、元はモンゴル系などであるが、高句麗、統一新羅、高麗、李朝まで、一度も中原の主人になったことはない。

そもそも天朝の属邦の中で、朝鮮の地位は、もっとも下の下国とされた。朝賀の席では、千官が赤色の礼服を着ていたのに対して、朝鮮の使節だけは黒色の丸首の衣であった。宿泊先も迎賓館ではなく、百官と同じく粗末な宿である。

また、十七世紀ごろの宮廷を描いた尹昕《ユンキム》の『渓陰漫筆《けいいんまんぴつ》』によると琉球《りゅうきゅう》の使臣は駕籠《かご》に乗って宮廷に入るのに対して朝鮮の使臣は駕籠に乗ることを禁じられていたという。そして李朝時代の臣民は琉球以下の扱いをうけていたと嘆いているのである。

台湾から見た朝鮮半島の人びと

ベトナムも韓国も十九世紀から二十世紀前半における「植民地支配」を「人類史上最悪」と国民に教え、流布している。「搾取」「掠奪」などを声高く非難しているのだ。

では、朝鮮半島における日本とインドシナ半島におけるフランス、いったいどちらのほうが「人類史上最悪」であろうか。韓国は「日帝三十六年の七奪（日本が朝鮮の国王、主権、土地、資源、国語、人命、姓名を奪った）」と断じるが、ベトナムにはホーチミンおじさんが「しばらくフランス人の糞を舐《な》めても、中国人のつめたいお尻にホッペタはくっつけたくない」と言ったという有名な話がある。とすれば、フランスの植民地は中国の属国よりはベターだとも解釈できるので、「比較植民地論」からいけば、やはり日本植民地が「人類史上最悪」となるだろうか。

私は、これまで戦後日本がコミンテルン史観の強い影響をうけて「台湾、朝鮮、満洲を日本三大植民地」にしたという「植民地観」を何度も批判してきた。しかし、このような植民地観がすっかり常識として定着しているのである。

だが、日本が台湾、朝鮮を併合して大日本帝国を築き上げたことは、若干の時差はあっても、大英帝国の国づくりときわめて相似形であると思うのである。

イギリスは、アングロ・サクソン系のイングランドがケルト系のウェールズ、スコットランド、さらにアイルランドをまとめて連合王国となってから「日の没することがない」大英帝国にまで発展した。近代国民国家の歴史から見ると、それこそ「時代の流れ」とも言えるだろう。

ユーラシア大陸極西の海上にある大英帝国をモデルに、極東の日本も、日清、日露と二つの戦争後に大日本帝国をつくりあげた。倭寇《わこう》の時代とバイキングの時代、日中戦争と英仏百年戦争、ユーラシア大陸との地政学的関係など、これほど対称的でありながら相似的な史例もまれであろう。歴史はよりグローバル的、あるいはマクロ的に見ることをすすめたい。

「植民地」と一言でいっても、古代フェニキア人の「カルタゴ」、古代ギリシャ人の「アポイキア」やローマ人の「コロニア」もあり、海洋民のマレー・ポリネシア人の島伝いの植民地、モンゴル人など遊牧民の「ウルス」もある。近代の列強諸国英・仏・米だけでなく、日本にもそれぞれの移民、植民観があり、中国やロシアも例外ではない。

下関条約後の「台湾を日本への永久割譲」について、日本はどうやるか、当時新設した「台湾事務局」(局長伊藤博文)の局員たちの間でも意見が分かれた。「大日本帝国憲法」(明治憲法)には「領土変更」の条文がないので、「小笠原群島の編入」という前例にしたがって、日本領に編入したが、どう経営するかについては、簡単には決まらなかったのである。当時の法務省の仏人顧問のミッシェル・ルポンはフランスのアルジェリア経営を提案し、英人顧問のモンテーダ・カークウッドは印度・香港経営にならう案をだした。また、台湾事務局員の原敬《はらたかし》(後の首相)が①コロニー案と②四国や九州の延長としての普仏《ふふつ》戦争後のアルザス・ローレンヌの本土編入案の二案を提出した。

台湾ははたして「植民地か」また「どう経営するか」をめぐっては、第一九回、二一回、二

ソウルにあった朝鮮総督府は1995年に解体。尖塔部分のみ独立記念館に展示されている

二回の帝国議会において論戦となり、また憲法をめぐる論争もあったのだ。歴代の台湾総督だけでなく、民間も「意見と認識」が異なっていた。

韓国については、帝国議会だけでなく、閣僚の会議も天皇の詔書《しょうしょ》も「植民地」としての規定がない。あの時代では主流の「国のかたち」であったオーストリア・ハンガリー帝国やチェコ・スロバキアのような「同君合邦国家」と見るべきだろう。

台湾、韓国と日本との関係についてもっとグローバルに見れば、私は「文明開化、殖産興業」という日本発の近代化の波から見るのがもっとも客観的だと思う。台湾と韓国との関係については、拙著『韓国人の「反日」台湾人の「親日」――朝鮮総督府と台湾総督府』（カッパ・ブックス、光文社、一九九九年）に両総督府の格のちがいと、同時代の朝鮮人が「順民」であったことに対して、台湾人が「難治の民」であったことのちがい。そして経済的には、日露戦争後の台湾経済の自立に対し、朝鮮が統監・総督府時代から四十年にわたってずっと日本からの一五〜二〇%の産業投資にすがっていたことについて詳しく比較している。

南の台湾と北の朝鮮の最初の人的交流は、支那人から買ってきた朝鮮人の売春婦が、台湾の北部炭鉱の売春宿を皮きりに、台湾の各大都市の性産業を朝鮮人売春婦が独占したことから始まる。それ以降、台湾の風俗を彩り、大正デモクラシーの波の中、台湾では台韓同志会という政治団体も生まれた。一九二七年の台湾共産党（日本共産党台湾民族支部）の設立当時には、コミンテルン代表として朝鮮人代表の呂運亨《りょうんきょう》も出席したということが記録としてのこっている（『台湾総督府警察沿革志』）。

戦後もまた、韓国と台湾（中華民国）両国は「反共のイデオロギー」を共有したこともあって、人的、物的交流も盛んである。台湾において、韓国人が中国人と並んでもっとも嫌われる人種になったのは、自己中にして他者への優越感が強く、きわめてご都合主義であり、スリや泥棒が多く、親切にすると逆につきまとわれ、あげくに裏切る人が多かったため、すっかり悪いイメージがついてしまったからである。

第三章

絶対に幸せになれない歴史の韓国人

事大主義は生き様である

いわゆる「朝貢・冊封」のシステムは、東洋の伝統的国際政治の力学関係として、「万国公法」や現在の国際秩序とは別のシステムとして知られている。「朝貢・冊封」体制はいったいいつごろからでてきて確立されたのか。これについては、秦の始皇帝による天下統一前、周の時代からすでに古典でよく語られることから、もっとさかのぼって周以前に確立しつつあったとまで推測される。

朝鮮半島は、東アジアにある中華世界を中心とする歴代王朝とは別存在だと世界に認知されたのは、近代になってからであることは述べた。

一九世紀末に日清戦争による下関条約で「朝鮮独立」が明文化されたわけであるが、あくまで法的にであって、心理学的、文化的関係から見れば必ずしも同様ではない。

唐以来、千年以上にもわたる宗属関係、「事大主義」はただのメンタリティだけではなく、生き様でもあるのだ。朝鮮人の人生に欠かせない最大の社会生活原則でもある。

事大主義は朝鮮人の精神史のすみずみまで染みこんでいるといっていい。

「事大」の大は「強大」に仕えることでもあり、「判官《ほうがん》びいき」や「弱きを扶《たす》け強きをくじく」

という武士道精神とは真逆の価値観であるため、これが理解しづらいのであろう。この価値観や心情のちがいから、和風（ヤマトイズム）が強ければ強いほど、小中華の人びとからすれば、嫌悪感や違和感を抱くことになる。

ただいくら「事大」に徹しても、世は有為転変《ういてんぺん》だから、大国の盛衰興亡の摂理を知らないと、ひどい目にも遭《あ》う。明国が満洲人の清国に滅ぼされたときも朝鮮は読み誤って明についたため、二度にわたる満蒙八旗軍の襲来をうける羽目になった（「胡乱」）。朝鮮は天朝の朝貢国の中で下の下国とされ、清の徹底的な管理下におかれた。それは「事大」の限界や弱みの一つと見るべきだろう。

小中華思想の実態を探る

中国人や韓国人のメンタリティを理解するには、まず中華思想という精神文化から明確にする必要がある。「中華思想」はあくまで外からの呼称であり、中国人文化人でさえも「中華思想」を外国にでて初めて聞いたという人が多い。日本人が中国人から「日本鬼子」「東洋鬼」、満洲では「大鬼子」と呼ばれ、朝鮮人から「倭豚」、アメリカ人から「ジャップ」と呼ばれることと同じように、「めったに耳にすることがない」のだろう。

欧米では「sinocentrism」と呼ばれ、「中華主義」とも称される。さまざまな「解釈」はあるが、もっとも平易な解釈としては、中は自己中、自国中としての中心主義であり、華は「優越性」という自己感覚として極論すれば、独走をすると「自大」（「夜郎自大《やろうじだい》」尊大、うぬぼれ）にもなり、「絶対無謬《むびゅう》」という自信過剰に至る。もちろん古代人のメンタリティとして、古代ユダヤ人の「選民意識」や、遠く新大陸のマヤ文明の主役マヤ人まで、こうした思考は見られる。大中華では文人、いわゆる士大夫《したいふ》（官僚、地主、文人を兼ね備えた人のこと）、小中華でも両班などの意識が代表である。

それは「中国」という自己意識にもよく表れている。「今はすでになくなっている」と考える中国人も少なくないが、ますます強くなっているというのが、私の認識である。「今はなくなっている」という考えは、すでに一九世紀ごろから中国の知識人の間でも見られたのである。

伊藤博文が下野して外遊中だったころ、戊戌《ぼじゅつ》維新の中国人志士たちは、伊藤を政治顧問として迎えようとたくらみ、明治維新成功の要諦を乞《こ》うた。すると伊藤は開口一番、「まず外国人を夷狄《いてき》と呼ばないことから」とアドバイスした。若い維新の志士たちは「それは昔の人間のことです。われわれ若い世代はそういう考えはもうありません」と口をそろえて弁解したという。

しかし、私がますます強くなる一方だというのは、たとえば、江沢民《こうたくみん》の時代にアメリカ議会が台湾の李登輝《りとうき》訪米を決議したさい、江はアメリカ議会に抗議して、「まちがった決議だ」と反省と謝罪を求めたことにも表れている。習近平の時代になると、全中国の官・民はますます中華思想が強くなっている。習の「チャイナ・ドリーム」はまさしくそのシンボルだろう。

中華思想がますます強くなる一方で、「ヤマトイズム」はますますなくなっていく趨勢《すうせい》を、私は危惧している。もちろん、小中華が大中華以上に「中華思想」が強いことについては、ハングル、ネット世代のウリジナルを見ればわかる。もとより、中華民国も中華人民共和国でさえも国名に「大」を冠していないのに、「大韓帝国」「大韓民国」と「大」を冠していることからもそれがうかがえる。

小中華の中華思想がいかに大中華よりも強いかということは、日常生活だけでなく、歴史的な事件からもよく引かれる。二つの事例を次にあげたい。

「大明」と号した明の時代は、史上もっとも暗黒の時代と評されている。明は李自成《りじせい》が率いる農民反乱軍によって滅ぼされ（李自成の乱）、後に北京市民の「熱烈歓迎」でドルゴンが率いる満蒙八旗軍が北京入城、中華帝国最後の主役となった。

このような時局の激変も読めずに、臣民たちに見すてられた明王朝を死守する朝鮮の朱子学者たちの「頑迷」ぶりは、「暗愚」とまで言っていいだろう。

また李朝朝鮮は明の属国となってから、虎の威を借りて満洲の地を侵略しつづけていたが、女真族のアイシンカクラ・ヌルハチが満洲人を一つにまとめ、後金国（後の清国）を開国し、「七大恨」を掲げて明とその走狗《そうく》の朝鮮に対して逆襲にでた。満蒙八旗軍の朝鮮に対する二度にわたる逆襲は疾風怒濤《しっぷうどとう》のごとくで、朝鮮の大敗となる。その後、李朝は清と城下の盟《ちかい》（敵に首都まで攻め入られてする、屈辱的な降伏の約束）を結んでも、元の宗主国である明に対しては「君臣」「忠義」などの大義名分の死守につとめた。時代の趨勢を読むのに暗いというほかはない。満洲人の清を過小評価し、清はやがて内乱によって自滅していくと自己本位で考えていたのである。

朝鮮は宗主国がないと国を守れないことは、豊臣秀吉の朝鮮出兵（倭乱《わらん》）以来、明らかだった。この二度にわたる「胡乱」の渦中にあっても、朱子学者の尊明主義者は「わが国の木一株、草一株と生民の髪の毛一本といえども、明の皇帝の恩恵が及ばないものはない」と主張したのであった。それがただの空疎《くうそ》大言にすぎないのは、二回にわたる「胡乱」によってすぐに証明された。

こうした小中華の得意な妄言《もうげん》は、「衛正斥邪《えいせいせきじゃ》（ここでは欧米列強の侵略に対し、欧米諸国を夷狄視して排斥し、大中華を守り、鎖国を維持しようとする思想）」の運動にも見られる。もう十九世紀はすでに欧米列強の時代である。大中華の清でさえ風前の灯なのに、小中華の朱子学者はなおも大中華に礼節をつくし、西洋を斥《しりぞ》けた。「時代錯誤」もはなはだしい。

「倭乱」「胡乱」から、「衛正斥邪」運動期に至るまでの朝鮮の斥邪（攘夷）意識を見れば、時代錯誤だけでなく、半島の自閉意識はじつに悲しいと言わざるをえない。

ウリジナルまでパクる韓国の悲しみ

「文明や人類の発祥地が朝鮮半島」、「韓国人が世界一アタマがよいDNAをもつ」などの「ウリナラ自慢」を耳にするたびに「またか」というよりも、かつて中国にも「ウリジナル」があったことを思いだす。

十九世紀後半、アヘン戦争に敗れた後の清朝は、洋務（自強）運動をすすめるのであるが、今の韓国のように、人類のすべての文物や文化、文明は自国が起源とする説が一世を風靡《ふうび》した。かつて大中華で流行ったことを百余年後に小中華がパクったのである。これも事大主義の一環であろう。

「漢字」も「漢方」も韓人が漢人に教えてやった、韓国の領土はかつて上海の近くにまで及んだというウリジナルは中国人の反発をうけ、バトルにまでなったが、私は目くそ鼻くその争いだと見ていた。そして寿司も茶道も、剣道まで韓国発祥という話になると、日本のネット世代も猛反発したが、反論する必要もないであろう。

ウリジナルについて、大中華も小中華も「中華思想」の一つとして分析するが、両国のトラウマやハンディキャップの反映と私はとらえている。

ただ、以前は「大国人は世界一頭がよい。韓国人はその次」というウリジナルだったことを考えると、自分たちを「世界一」だというようになったのだから「自信がついてきたな」とすてておくにしくはない。

それに秦の始皇帝も孔子もキリストも韓国人であり、サッカーまで韓国発祥ということになれば、さすがに誰も信じない。小中華のウリジナルは大中華以上だということを宣伝して終わるだけだ。

韓国のウリジナルによれば、ほとんどの日本文化が韓国発祥ということになってしまう。バカげた話であるが弊害《へいがい》もないではない。韓国発祥ではないが、たとえば『古事記』に百済から「王仁《わに》博士」が中国の書をたてまつったとある。このあやしい人物を日韓双方の教科書がとりあげ、子供に教えているのである。これをねじまげて「日本に文化を教えた」と信じる、性格的に韓国人と似ている「反日日本人」が日本でも大繁殖してしまう。そして日本まで大中華や小中華のように「ウソの国」になる。

しかしウリジナルが矛盾だらけで自家撞着《どうちゃく》も少なくないことは、「日韓（鮮）同祖論」にもよく表れている。「同祖論」を日本の「侵略の陰謀」と非難・罵倒《ばとう》する一方で、日本人の九九%は韓国からの「食いっぱぐれ」と唱えるのである。もし日本人の九九%が「韓国の食いっぱぐれ」が真実なら「同祖論」と同じ意味ではないのか。「同祖論」は日本では江戸時代から流行り、韓国では「朝鮮近代文学の父」とされる李光洙《イグァンス》らをはじめとした多くの韓国文化人も唱えている。

大中華が小中華より一枚上手なのは、弱肉強食の競争原理をよく知っているからであろうか。日本文化は中国文化の亜流（朝鮮文化）のそのまた亜流にすぎないと主張。しかも朝鮮人は箕子の子孫、ベトナム人は趙佗の子孫、日本人も呉の太伯《たいはく》か秦の徐福《じょふく》の子孫と古くから流布した。そして日本国は中国人が先進的技術をもってきて、つくった国とする。

満洲人は「五族協和」を唱え、朝鮮人だけを下の下国としての属国に閉じこめたが、清朝末期の思想家である康有為《こうゆうい》は「中華民族論」をぶち、すべてが「黄帝」の子孫（二十四子の一人）であるとした。そこにはチベット人やウイグル人だけでなく、モンゴル人も朝鮮人も含まれている。漢族を中心に五五の非漢族をすべて、漢字を絆《きずな》に呑み込み、「中華民族」と呼ぶのだ。

戦前の日本人は国際法を守るとともに国際力学も知っていたので、列強にも仲間入りができたが、戦後の日本人は、真・善・美の「美」にしか目が向かない。

中国人は千年以上の宗主国という歴史の経験があるので、朝鮮半島の料理法をよく知っている。習近平主席に公然と「中国の一部にすぎない」と言われても、小中華の人びとは、うんともすんとも言えない。

一九九二年、中韓国交樹立当時、韓国外務省は朝鮮戦争で中国人民義勇軍が朝鮮半島を蹂躙《じゅうりん》したことに対し、中国政府が謝罪するという情報を伝えたが、駐韓中国大使・張庭延《ちょうていえん》はテレビで「そんなことはあるはずがないし、これからも絶対に遺憾《いかん》の意を表明する必要はない」と一喝するだけで、それ以後、韓国のマスメディアは黙ってしまった。「韓国人の事大主義の本性」をよく知っているからだ。

事大主義は弱者いじめとペアになっていることを日本人は知るべきだろう。韓国が竹島を占領し、日本領事館前に慰安婦像を設置し、自衛隊機にレーダー照射しても謝罪するどころか逆切れするのは、日本が何もできないことを知っているからだ。日本は韓国の問題を「反日」としてとらえるが、日韓問題というよりも韓国の主導による「日日問題」だというのが本質なのである。

小中華の「弱者いじめ」＝「反日」ではない

「弱者いじめ」は小中華の国ぐにの民性（心性）であるが、「反日」として誤解されることも多い。「弱者いじめ」は小中華のみにあらず、大中華も同様か、似ている。

日本人は「判官びいき」が多いので、「弱者いじめ」に対し反発するが、大・小中華では弱者はいじめられ、「暗闇」の一角まで追いやられるだけでも「幸せ」か「僥倖《ぎょうこう》」ものなのである。だから日本のような「タブー用語」がない。日本に身体障害者のための道路交通標識やトイレが多いことをみると、逆に「日本にはなぜ身体障害者がそんなに多いのか」と「あからさま」に問うてくるのだ。

小中華の「弱者いじめ」という「国風」は、有限な資源をめぐる争奪競争の中での弱肉強食とや、両班の間での「朋党《ほうとう》の争い」という激突の歴史から必然的に生まれたものだ。

両班の農民や奴隷に対するいじめは、多くの論著の中で記述されている。たとえば農民に対するいじめは、丁若鏞《チョンヤギョン》が『牧民心書』の中で、具体的に書いている。「切骨の病」などは生き地獄のようなもので、現代人として読むには堪えない。しかし、それほどいじめられている農民や売春婦まで、今度は最下層の白丁《ペクチョン》（被差別民）をいじめるのである。白丁はただ「白丁だって人間だ」と嘆くほどだ。

天皇は訪韓の意思表示さえしていないのに、李明博《イミョンバク》元大統領は、わざわざ「もし天皇が訪韓したいなら、囚人服を着、縄にしばられて、反日犠牲者の記念館の前に跪《ひざまず》くべき」と公言、竹島（独島）上陸までのパフォーマンスをして、身を守ることをはかっても、それはかなわなかった。韓国では大統領でさえ権力を失うと、「弱者いじめ」の対象となるのである。

小中華の人びとが大中華と同様にどこへ行っても嫌われるのは、「弱者いじめ」もその理由の一つであろう。台湾でもっとも嫌われるマナーの悪い観光客として、中国人と韓国人がつねに一、二位を競っている。アメリカでの韓国系商店に対する襲撃も、韓国人の黒人やラテン系アメリカ人に対する「弱者いじめ」が起因している。中国山東省にある韓国企業への襲撃がたびたび起こるのも、旧宗主国の労働者に対する「弱者いじめ」が背景にある。

ただ台湾に対する「弱者いじめ」は報復をうけていて、たいていの韓国系の「焼肉屋」は閑古鳥が鳴き、タクシーも韓国人は乗車拒否、タクシーの中で韓国語を耳にすると、「降りろ」と途中でも降ろされる。

「弱者いじめ」は韓国の国風である。台湾と韓国との関係にも「弱い者いじめ」が多く見られる。ことにスポーツやさまざまの国際会議の会場に、韓国代表がその事大主義（中国擁護）のために出席して、いさましくピンチヒッターとして台湾を叩いて、みんなに見せることがある。

スポーツの国際試合があるたびに韓国代表が必ずもめごとを起こすのは、すでにニュースではない。必ず「事件」が起こるのだ。それどころか、ロシアのソチ冬季オリンピックでもあったように、大会が終わっても審判たちに「不正」とまで抗議する。決して日本とのサッカー試合だけではない。台湾でのアジア大会の申請でさえ、妨害、恫喝《どうかつ》までした。

もちろん国際的なスポーツだけではなく、ソウルで開催する大学生の国際会議まで中国への

「事大」のためにいやがらせやいじめをする。大学生といえばたいてい純粋な情熱型と思われがちだが、しかし韓国の代表となると俄然《がぜん》政治的になるのだ。ソウルで開かれる大学生関係の国際会議で、韓国大学生の代表は、徹底的に台湾の大学生代表をいじめ、いやがらせをしたため、西洋各国の大学生代表は、いったいどうなっているのか、訳がわからなくて、「もうここまででいいでしょう」と韓国代表に抗議したほどだった。

ナショナリズムは戦後から鼓吹《こすい》しはじめたもので、李朝時代の両班はがいして「大国人」（支那人）になりたがった。これは大元時代の朝鮮（高麗）人宦官や貢女らのふるまいや、高麗人が競ってモンゴルの姓氏に「創氏改名」することに心酔したという史実からも見える。

小中華はいくら頑張っても、質と量の両方で不足だから、事大を行動の基準にせざるをえない。事大といじめを処世の原則にするのは、小中華にとっては、やむをえない宿命にしても、いじめられるほうにとっては、じつに耐えがたい仕打ちであり、嫌悪感をもつのは当然である。

両班の時代をどう問うべきか

両班は李朝朝鮮時代の名物として社会の「支配階級」であった。モンゴル人の大元はかつて朝鮮半島を約百年間支配していた。その時代の朝鮮半島は大モンゴル帝国の一部でもあった。

大元帝国は、モンゴル人至上主義で多民族を四つの階級に分けており、朝鮮人は第三階級の漢人とされた。両班はすでに高麗朝から文武両班が制度化され、李朝時代から文班を重んじるようになり、宋王朝と同様にシビリアン・コントロールをはかって、崇儒排仏《すうじゅはいぶつ》で儒教を国教化してから、じょじょに成熟していくのである。

両班階級は、もちろんモンゴル人の階級制からも大きな影響をうけたとも考えられるが、多くは明の科挙制度からくるものであり、はじめは文班と武班が立ったので「両班」と呼ばれ、やがて「武班」は有名無実となり、宋・明とも文班のみがシビリアン・コントロールの支配階級となる。

律令制と科挙制は、大中華にとっては、中央集権国家の確立に欠かせない二大制度だった。日本でも律令制は一時とり入れられたが、風土にはあわず、その後消えてしまった。一方、科挙制度は、ほとんど日本には根づくことはなかった。科挙制度は隋の時代に貴族に対抗するためにはじめられたもので、宋の時代から全面施行された。また明では、朱子が注疏《ちゅうそ》（注の注）した「四書五経」のみに限定して「科挙」のテキストとしたため、李朝朝鮮も宗主国同様に朱子学国家になってしまった。

そもそも、家奴国家は、北アジア、ことにアルタイ系語族の社会に欠かせない風土だったが、李朝朝鮮は、もっとも代表的な家奴制国家である。マルクス・レーニン主義の流れをくむ、スターリンの唯物史観として、古代奴隷社会からはじまる「歴史発展段階論」は、私の院生時代の日本でも流行っていた。コミンテルン史観の影響で、一九三〇年代には歴史時代の分期論争が流行っていた。中日友好協会の会長である郭沫若《かくまつじゃく》の「古代中国の奴隷史観」が有名である。

近代中国文学の父と呼ばれる魯迅《ろじん》は、学者たちの「歴史分期」に反論して、中国史は二期、①奴隷になろうとしてもなれなかった時代　②しばらく奴隷になれて、満足する時代、と説いた。改革開放までの中国人学者の日本史観は、天皇を「日本人民」の「奴隷主」であると主張して、奴隷史を中国人に教え、これが日本観として定着しつつある。

ところが、じっさいアジアでもっとも代表的な奴隷社会は李朝朝鮮である。皮肉にも社会主義体制は「現代の奴隷制度」といわれ、社会主義国家の内外で幅広く論じられている。社会の発展段階の終点が共産主義社会のはずだったが、進歩史観から循環史観に堕《だ》したというよりも、これは人間社会の宿命なのだろうか。

客観的に見れば、小中華の社会は、上部構造は儒教的でも、下部構造はカースト的、インド的だと思うのは、はたして私一人だけだろうか。そして、インドのカースト制は、棲《す》み分けが特色なのに対して、小中華は北アジア的色彩がもっとも濃いミクロ的な「家内奴隷」制度の典型なのである。

李朝朝鮮の社会構造は、国王を権力の頂点として、王族、両班、中人（外国語、法律、天文学などの技術をもった役人）、常人（おもに農民）、賤民《せんみん》の順にヒエラルキーが成り立っていた、賤民は奴隷、俳優、医者、巫女《みこ》、白丁など、多くの階層によって構成されていた。李朝の歴史を見ると、形式的には李朝の国王が立法、司法、行政、軍事などすべての権力を独占していたことになっているが、じっさいには宗主国が生殺与奪の絶対的な権力をもち、鶴の一声で李朝の運命まで決まった。国内政治は党争の勝敗によって左右され、勝った両班・士林《しりん》（新興の官僚派閥）が国王の名を借りて行政を執り行っていた。李朝五百余年、国王が名目的に半島に君臨してきたが、世宗らごく少数の国王をのぞいて、ほとんどの時代は朋党や外戚によってふりまわされたというのが実情である。

常人とは平民のことだが、良民とも呼ばれ、農工商の階級とされていた。租税、労役、兵役、貢物の義務を負っているわりに職業選択の自由はなかった。

賤民は、医者と皮工以外に、役所所属の官妓《かんぎ》、軍人所属の辺妓、今では性奴隷や慰安婦とも呼ばれる者たちがいた。牛馬をひく牽令《キュンエン》、猟師の矻争《ボス》、漁民の水尺《スチョク》、駅の駅卒《ヨクゾル》、僧侶なども賤民とされる。その下の最下層階級が白丁《ペクチョン》であった。朝鮮農民は両班や中人に差別され、白丁は農民に差別されるという文化風土で、トラブルが絶えなかった。

一六九〇年代の大邱《テグ》の人口比率から階級構成の比率を見ると、両班七・四％、良民（常人）四九・五％、奴隷四三％であり、当時の全国的な比率に近い。のちに身分の売買が流行り、李

現在は韓国第3の都市となった大邱市にあった朝鮮市場の様子（1930年代）

朝後期になると、両班の数はかなりふえた。それはたいてい良民が金で身分を買ったのであり、奴婢は奴婢のままであった。奴婢は両班の家奴よりも下、家畜とみなされ、婢女から生まれた女子も両班の家畜として売られる。小中華は唐の時代から献女、貢女の産地として東亜最大の性奴隷の産出、輸出国となるが、これは小中華特有の奴隷制度ときわめて関係が深い。

　地域的差別は、決して小中華の朝鮮半島だけでなく、東アジアによく見られる古代からの人類を分別する意識でもある。たとえば古代中国では、左右に対しては「華夷《かい》の別」、上下の階級関係は「人と民」というのもその一例である。古代の「人」は士以上の階級とされ、民は奴隷である。前述のように「人民」という言葉は「和製漢語」だから「人と民」との区別がわからなくなるのだ。
大中華は、ことに宋以後から「華夷の別」と、「人と民」から「官と民」との分類が階級意識として強くなり、支那学の大家として知られる橘樸《たちばなしらき》（一八八一〜一九四五）の説によれば、官は儒教、民は道教を信じていた。それはあたかも二つの民族のようであった。官と民の意識のちがいは、歴史からいろいろ教えられる。ことに「倭乱」や「胡乱」とされる外の勢力が朝鮮半島に侵入すると、「奴婢」は解放を求めて蜂起《ほうき》か官庁を襲撃するのが常例である。

地方差別については、朝鮮半島よりも大陸のほうがより強い。宋の時代の党争を見ると、旧党はほとんどが黄河文明の流れをくむ北人、新党は長江流域の流れをくむ南人（呉・越・楚人と閩《びん》人）との対立であり、これは二十世紀までつづき、反日と親日にもつながる。宋時代の南人差別は、宋の「卑しい南人を決して首相や将軍には起用しない」祖訓が有名で、公言・明文化までしている。

小中華も似ている。たとえば李朝朝鮮の法令集『経国大典』には、「北方の咸鏡道《ハムギョンド》、平安道《ピョンアンド》、黄海道《ファンヘド》の者に官憲への登用はもちろん、鷹師への起用さえ禁止する」との条例まであったほどだ。平安道人は平安道奴、西漢、平漢、平奴、僻《へき》（鄙《ひ》）郷奴と呼ばれ蔑視されていた。咸鏡道人は、水売り、咸鏡道奴、咸鏡ネギなどの蔑称まで与えられていた。戦後七十数年経っても韓国と北朝鮮の南北対立の根が想像以上に深いのは、文化風土からも見なければならない。地域差別は現代だけでなく、昔からつづいているのだ。「根が深い」ということは、それが昔からあったことであり、人間の本性までさかのぼらなければならないとまで言えるものだ。

死に至る病の小中華の差別

世界一差別意識が強いのは、小中華の北の朝鮮と南の韓国を筆頭にあげるのは、決して私だけではない。今でも差別はあらゆる方面にでている。

それは「自意識」（思い込み）もあるが、教育やマスコミがナショナリズムを訓育する目的に由来するもの、言いかえれば「人づくり」からくるものでもある。一般に口にする「ハナ高々」の「夜郎自大」な意識からくるものでもあろう。

もちろん差別意識など人類史上たいていどこにもあるもので、インド人のカースト制、ユダヤ人の選民意識、モンゴル人のモンゴル人至上主義がそれである。モンゴル人が南の宋人を南蛮人や蛮子と呼ぶだけでなく、西夏のタングート人も南の宋人を南蛮人と呼ぶ。

差別意識と言えば、ほかならぬ中華思想が代表的であり、「華」そのものが人種的、民族的優越意識の表れであることはいうまでもない。

戦前の朝鮮総督府の時代に、近代日本の「万民平等」や「四民平等」の意識が高くなるにつれて、朝鮮半島で行われた奴隷解放はリンカーンがアメリカでやった黒人解放以上に徹底的であると私は評価している。高麗朝にも李朝にもできなかった性奴隷の解放を、朝鮮総督府が成し遂げたのである。「白丁の解放史」を見ると、奴隷解放に反対するのはむしろ賤民の白丁以上の農民と売春婦で、白丁の村への焼き打ちもあった。「白丁も人間だ」という白丁の嘆きから、人間としてみなされていない朝鮮半島の人びとの階級意識の強さを感じさせられる。もちろんそれは小中華の人びとがもっている差別意識だけではない。大中華の人びとも同様だ。近代文学の父とされる魯迅のセリフの一つとして知られるのは、中国人は従来「人を人として見ない」ことだ。

差別と言えば、南アフリカのアパルトヘイトが一時話題になった。しかし白人の黒人差別は、アメリカと南アフリカが黒人での差別解放運動に影響されていった。これに対し、大中華と小中華の黒人差別はアパルトヘイト以上の「人獣差別」であることや、中韓国内の黒人留学生のデモについては、あまり伝えられていない。また、ロサンゼルスの暴動でなぜ韓国系の商店は黒人に掠奪されるのか、韓国のメディアはただ韓国人の成功が黒人の嫉妬《しっと》を買ったとしか伝えず、黒人をはじめとするヒスパニア系、有色人種に対する韓国人のいじめと差別については、ほとんど伝えていない。生活レベルの低い黒人の焦燥と嫉妬などよりも、韓国人のあからさまな優越意識から引き起こされたものであるのは見え見えだ。

ことに戦後になって、ハングル世代はいやに優越意識が強くなり、さらに過剰になるが、戦前に満洲に入った朝鮮人は日本人（大鬼子）の虎の威を借りて、徹底的に漢人、満洲人、モンゴル人などをいじめ、「二鬼子」とも呼ばれた。腹いせに漢人農民が朝鮮人の子供を捕えて指を切るという事件が日常的に起こった。漢・韓の対立が激化するにつれて、張作霖《ちょうさくりん》は「朝鮮人を一人たりとも満洲に入らせない」と公言して勢力をのばしたので、満洲軍閥のボスとなった。満洲で現地中国人農民と朝鮮人入植者の水利をめぐる激突で有名になったのが「万宝山《まんぽうざん》事件」（一九三一年）であり、やがて朝鮮半島全域の「反中」運動となり、朝鮮総督府は悩まされた。日本では、在日朝鮮人差別についてはよく問題にされても、韓国における在韓中国人差別はほとんど報じられない。しかし万宝山事件以来、「大国人」だったはずの在韓中国人が「垢奴《テノム》」と呼ばれて蔑まれるようになったのである。

戦後になって、ほとんどの山東人の華僑が韓国で迫害され、土地、職業、出入国の制限などの財産、生活面だけでなく、生存権まで剝奪《はくだつ》された。当初、私はこれがナチのユダヤ人に対する迫害に匹敵するとまでは思わなかった。しかし九〇年代の李登輝時代に入って、私がブラックリストから解除され台湾に帰るようになったころ、喫茶店でアルバイトをしている山東人華僑からいかに韓国で迫害されたかをよく聞いた。また韓国の大統領までが「世界のどこに行っても『唐人街』（チャイナタウン）はあるが、韓国にはない（そうはさせない）」と放言して誇り

朝鮮戦争で逃げまどう少女

にしていたほどだ。華僑は韓国で迫害・差別され、追放されたので、「十分の一」になったと室谷克実氏の『朝鮮半島』（ダイヤモンド社）に記述されている。

三南地方（今の韓国）の三北地方（今の北朝鮮）に対する差別は深刻だった。三南地方の人間は、絶対三北地方の人間とは姻《いん》戚《せき》関係を結ばない。これはもちろん今でもつづいている。決して戦後からではない。朝鮮戦争（韓戦）じたい、ひそんでいる根が深かったから起きたとも言える。もちろん吉林省の朝鮮人や脱北者だけではなく、在日もそうである。金大中が大統領になる前によく嘆いていたのは、その地域差別である。

近代産業社会になっても、地方差別どこ

ろか職業差別まで現存するのは、じつに驚きに堪えない。人種、地方、職業など差別意識は、どこにでもあるものであるが、大中華と小中華は日・米・欧よりも強い。

私はなぜ在日の韓国人、朝鮮人が「日本人に差別されている」と思い込み、台湾人はそう思わないのかというちがいについて考えてみた。朝鮮の人たちはその多くが両班以外の流民で、いくら阻止されても日本列島に流れ込み、スリや泥棒などの犯罪行為が多く、いざというときに襲ってくるのではないかと怖れられている。それに対して台湾からやってくるのは、ほとんどエリートばかりである。たとえば、同じ少年工という働き手でも、台湾からの人びとはたいてい学校で国語や算数などの試験や身体検査に合格し、校長先生や父母や兄から許可のハンコがあって、はじめて来日を許可された。一方、日本にやってきた朝鮮の人びとは、「食いっぱぐれ」ではなくても、たいてい半島では「差別」された階級だからという事情がある。

私は半世紀以上も日本でくらしているが、余所者という生活感覚をもったことは絶無である。

こうした差別意識は文化風土ともかなり関係が深いと思われる。たとえば、文化人でも儒教思想をもつ人は差別意識が強い。それは教祖の孔子が唱える「華夷《かい》の分」と新儒教の朱子学の「華夷の別」という差別意識からくるもので、陽明学になると「天誅《てんちゅう》」の思想が強く、天に代わって不義を討つという大義名分の下、虐殺まで正当化する「我執」が強い。

仏教ははじめから反差別から生まれたものだから、慈悲や衆生済度《しゅうじょうさいど》（生きとし生けるものすべてを迷いから救うこと）の思想をもち、コスモポリタン的な思想が根底にある。「万民」が「平等」だけでなく、「山川草木悉皆成仏《さんせんそうもくしっかいじょうぶつ》」という信仰までもある。差別意識の強弱は、信仰から由来するものも少なくない。

なぜ小中華は「虐殺」の因習が国魂・国風に至るのか

「虐殺」「大虐殺」といえば、私ならそれはたいてい小中華の国風（伝統文化・風習）を連想することが多い。それは朝鮮人の歴史が「虐殺」にからむことが多く、小中華の伝統文化とまで言えるからである。

なぜ朝鮮人が虐殺を好むのか。朝鮮半島の歴史を繙《ひもと》けばテロが多いだけでなく、民間人大虐殺の話が多い。国民性としては、戦士には不適だから戦場にでると必敗、そのトラウマが民間人の大虐殺に変わり、あるいは裏から逆襲してテロに走るのであろう。

李朝朝鮮史にはいわゆる「倭乱」の後に二回にわたる「胡乱」がある。丁卯《ていぼう》胡乱（一六二七年）と「丙子《へいし》胡乱」（一六三六年）である。アイシンカクラ・ヌルハチが明と鮮の圧迫に耐えかねて「七大恨」を掲げて後金国をつくり、その子の太宗ホンタイジが逆襲にでたのが丁卯胡乱である。大明・朝鮮の連合軍が八旗軍の数十倍あって勝ち目はなかった。ところが八旗軍は強く、「万に満つれば天下無敵」とまでいわれる精強な騎兵である。「丙子胡乱」といわれる満蒙八旗軍四千余人の朝鮮襲来は、疾風怒濤《しっぷうどとう》のごとく南下して半島を征服した。そこで国王が先に逃げ、軍隊も城を棄てて逃げ去り、民衆は逃げまどい泣き叫ぶのみだった。

あげくに清への人質として送った王子も偽者であることがばれてしまい、「不信の国」だと清の太宗ホンタイジが激怒、「頌徳碑《しょうとくひ》」をつくらせ、下の下国にされた。清が明よりも強いと知り、牛から馬へとのりかえなければならないと悟ると、すぐ八旗軍の虎の威をかりて明の民間人の大虐殺を行う者もいた。

たとえば、『朝鮮開化史』(恒屋盛服著、博文館、明治三十四年)には朝鮮兵の明の民間人略奪、虐殺についてこう記されている。

「清将龍骨大去ルニ臨ンデ俄カニ韓兵ヲ駆テ椵嶋《カド》ニ赴キ其備ナキヲ襲フ此役、漢民死スル者前後四五万、韓兵殊ニ残殺ヲ極メタリ漢民号呼シテ曰ク天朝、朝鮮ニ於テ何ノ讐《あだ》カアル其恩ニ背《そむ》クニ此ニ至ルカト」

朝鮮人兵士はたいてい虐殺、略奪を好んだ。これに対し、日本の戦争は出征のたびに僧侶が随行した。戦死者に対しては彼我を問わずお経を唱え、慰霊塔を建ててその霊を弔《とむら》った。それが文化風土の違いである。

朴正煕大統領時代、はじめての海外出兵と誇る韓国人「猛虎部隊」はベトナムに行ったが、ベトコン（南ベトナム解放民族戦線）をさけて、もっぱら村を襲い、民間人虐殺と婦女暴行を行った。韓国軍の蛮行についてはベトナムにも多くの記念碑があり、歴史記念館に記録をのこしている。

韓国人によるジェノサイドは、じつに陰湿で非人間的である。韓国軍に虐殺されたベトナムの民間人五二〇〇～一万五千人、全国民の犠牲者は一万～三万人とも推定されている。

韓国軍はいったん戦争にでると、パニック状態になることが多かった。ＰＴＳＤ（心的外傷後ストレス障害）だったともされるが、自殺したり、脱走したり、ベトナム人に成りすまして、もっぱら弱者虐殺、婦女暴行に走ったのである。戦場で戦えない小中華の軍隊と大中華の軍隊はきわめて似ている。

武士の国の日本人とはちがって、たいてい儒教の国は戦争や兵士には適しない。それは小中華だけでなく大中華も例外ではない。戦争になると、中国農民兵は一〇対一の比率でやっと遊牧民の騎兵と伯仲に戦える。日本軍と中国軍との戦闘も、たいていその比率が互角の条件となっていた。韓兵がもっぱら略奪と虐殺をはたらくのは、李朝史の文化風土と強く関係があるのではと思う。かつて高句麗時代の兵士が強かったことは隋の煬帝《ようだい》の遠征の歴史が物語っているからだ。

戦史を見ると、速力と火力が勝負を決める「条件」となる。南の米食農民の多くが、北の粉食農民に戦闘でかなわないのは、歴史の「常識」だ。私は台湾で、アメリカのウエスト・ポイント陸軍官学校出身の中国人（孫立人《そんりつじん》）が率いる青年軍が、いかにビルマ戦線で善戦したかという神話を教えられた。大半の国民がそれを信じ込んでいる。しかしアメリカの中国戦線派遣軍司令官のジョーゼフ・ウォーレン・スティルウェル将軍の「日記」を読むと、ウソが多いことがわかった。スティルウェル将軍の日記によれば、中国（国民党）軍は銃声を聞くだけですぐにパニック状態になり、銃を空に向け乱射、飲食しないと絶対に戦場にはでない。忿懣《ふんまん》に堪えない将軍は「日記」の中で、蔣介石《しょうかいせき》を「このピーナッツ野郎」と罵倒する。

小中華の軍人の嗜虐《しぎゃく》性はどちらかというと病的で、それは明人（大中華の民間人）や越人（広東人、ベトナム人）に対してだけではない。たとえば、朝鮮開化独立派のリーダー金玉均《きんぎょくきん》（一八五一～一八九四）は改革運動である甲申《こうしん》政変（一八八四年）に完敗し日本に亡命したが、追手の事大党は手をゆるめず、金玉均を上海で暗殺。その後、死体は首と四肢を寸断され、首は京畿《キョンギ》道《ド》の竹山で晒《さら》された。

戦後の自国民虐殺は、むしろ南の韓国の名物にもなっている。米軍占領下時代の一九四八年に済州島《さいしゅうとう》で起きた反共粛清事件である「四・三事件」では島民三万人が虐殺されている。虐殺に猛威をふるったのは、韓国軍の赤狩りともいわれる。一九五一年の居昌《コチャン》事件では子供、女性を含む市民七百余人が共産ゲリラの容疑で虐殺された。国会調査委員会の調査では、各地で同様に虐殺された市民は八五六〇人あまりと報告されている。

一九五〇年の保導連盟《ほどうれんめい》事件では共産主義からの偽装転向者を排除するために三〇万人が虐殺されたと報告されている。一九五一年には正規軍を補充するために組織された国民防衛軍の一〇万人が軍幹部の横領により食料・装備不足を招き、飢え、寒さと疾病で亡くなった（「国民防衛軍事件」）。李承晩大統領の私兵団である「白骨団《ベツコル》」「土蜂団《トオボン》」などの組織による政敵の暗殺、処刑など、闇に葬られたものも多い。

全斗煥《ぜんとかん》大統領の時代、一九八〇年五月の「光州事件」については市民二千人が虐殺され、三千人の負傷者がでたとされたが、それ以上の可能性も高く、今をもって謎である。

このように朝鮮、韓国史は虐殺、暗殺の連続だった。それは小中華の民族性としての残虐性ともいわれ、問われている。

朝鮮半島人物誌（英雄がいない）

朝鮮半島で南北とも教科書で教えられている人物や、マスメディアで取りあげられたり、民間伝説の英雄豪傑らしい人物は、きわめて「政治的」な色彩が強く、共通の特徴と言えるものが多々ある。

世界の文化・文明に貢献したもの、たとえばアレクサンダー大王やチンギス・ハーン、ナポレオンのように遠征した英雄は絶無である。ウリナラの英雄もテロリストや卑怯《ひきょう》きわまりない「抵抗の英雄」ばかりであり、自律性や創造的と言える人物はほとんどいない。

伝説でも、牝《めす》熊から生まれた檀君《だんくん》神話、タマゴから生まれた新羅の先祖伝説、「日本の天皇は韓国人だ」などはウリナラ自慢である。大中華の伝説をパクって蚩尤《しゆう》を開国の英雄とした架空小説や、大中華の開国神話の黄帝《こうてい》に討ち勝って平跪《へいき》させるといったファンタジー小説や韓流映画をつくるなど、自己満足、荒唐《こうとう》無稽《むけい》の話は多い。

南の韓国人に自国を語らせると、「朝鮮半島は英雄だらけ」というイメージが強い。しかし北の朝鮮では「金日成《きんにっせい》」一人しかいないと、南北のちがいがある。ハングル世代、ことにネット世代は、韓国は英雄ひしめく国と信じて疑わない。なぜ、戦後の韓国人はそう信じるようになったのだろうか。国史は英雄の事跡を誇張するばかりで「半万年史をもち、三千里の錦繍《きんしゅう》の江山」をもつ世界一強い国と信じて疑わない。

しかしいくら英雄だらけの半島でも、ほとんどの英雄豪傑は、抵抗の英雄で、自律的に英雄となるものは一人も見あたらない。その英雄譚《たん》の弱点を補うためには、道徳的な説法しかないので「他国から千回侵略され、すべて撃退した」と、半島の「コップの中の嵐」を補う。半島の国史の特質は昔からずっと半島にとぐろを巻き、一歩も外にでられなかったのであるが、それを「他国を侵略したことがない」という道徳論に変えていく。しかし韓人の倫理道徳論はあくまでニーチェがいう「弱者の道徳」か「奴隷の道徳」の域をでていない。「外に侵略したことがない」と教えながらも、歴史教科書の李朝の歴史地図が高麗朝以上に東北地方（満洲）に広がっているのは、矛盾だらけではないのか。

いくらテロリストたちを並べ英雄だらけの半島にしても史実から検証すると、話がちがう。だが、百歩譲って韓国の歴史は「ウソばっかり」と他の国から言われたくない、という小中華の人びとの気持ちもわからないではない。自国民の教育のために、ウソぐらいはどこの国でも言う。それはそのとおりであるが、他国はそのウソを外国にまでおしつけはしない。

一方、大中華の歴史を見ると、黄河文明の主役である華夏の民は、その後裔《こうえい》たちと思われる漢人、漢族の歴史が漢末の天下崩壊で終わり、その後の主役は、ほとんどが北方アルタイ系の人びとである。ただ長城の外側の北方諸民族の中で朝鮮だけは中華帝国の主《あるじ》（主人）にはなれなかった。なれなかったことでくやしくて生きる意味さえないと思った者もいた。儒者の林白湖もその一人であり、こう言った。「四夷八蛮すべて中華に入り、主となり、ただできなかったのは朝鮮人のみだ。このなさけない国に長生きしても意味ない」。世を去った林白湖はさぞくやしかったろう。でもそれは小中華の逆らえない歴史の宿命《さだめ》だろう。

もちろん中華帝国の天子になれそうでなれなかった人物は決して皆無ではなかった。高麗朝

今でも安重根の人気は高い

の大元王朝への貢女《こうじょ》であったの奇《き》皇后は、きびしい権力闘争の末、順帝の皇太子を産んだ。もし南方から明が興起しなかったら、皇太子は元王朝の皇帝になるはずだったが、中華・東亜の世界から北方の草原まで追われて亡くなった。

韓人の「他国から千回侵略されても、すべて撃退した」という説はまったくのウソだ。たしかに史上有名な隋の煬帝《ようだい》の高句麗遠征を撃退したことは史実でウソではない。しかし統一新羅以後の歴史を見ると、たいてい外からの勢力が半島に入ると、奴婢《ぬひ》をはじめとする民衆は逃げ惑い、泣き叫び、国王は先にさっさと逃げかくれ、地方の役人は土地を献上して外敵に忠誠を誓う。また北方の人びとは先頭に立って南人叩きに案内し、逃げかくれしていた王子まで外敵に献上。民衆は蜂起して政府に逆襲するか、北方へ強制連行されるかで、すぐ投降して属国となるのが史実である。すべて退撃したという話はまっかなウソだ。

半島には「英雄だらけ」というよりも、「半島の英雄も英雌《ヒロイン》」も、誰から見ても常識的には、ほめられる人物に値しない。たとえば韓国の政府がけんめいにもちあげる両班出身の安重根《あんじゅうこん》は、伊藤博文を暗殺しただけのテロリストであり、朝鮮半島最初の史書とされる『三国史記』にでている「乙支文徳《いつしぶんとく》」という武将は「騙《だま》し討ちの英雄」であり、正々堂々と戦った勇将ではない。『三国史記』は『三国志演義』以上の大河小説（フィクション）というよりも、ファンタジーである。水軍を率いて秀吉軍を撃退した李舜臣《りしゅんしん》将軍は、朝鮮人の軍を代表する「裏切り」の卑怯な英雄ともいえる。豊臣秀吉の朝鮮出兵のさい、和議のあとにすぐに日本軍を襲うという卑怯な手を使うも、流れ弾にあたって死んだ男だ。休戦後の逆襲であり、李舜臣が使用した「亀甲《きっこう》船《せん》」は「一寸法師」にでてくるようなお椀型の船で、性能も技術もまったく劣っていて、「実戦は不可能」という専門家の話もあり、空想・妄想のつくり話にすぎない。

ハニートラップのヒロインの美談として、妓生《キーセン》論介《ノンゲ》が加藤清正軍の武将、毛谷村六助《けやむらろくすけ》を泥酔させ共々岩から南江に道連れにして入水《にゅうすい》した話「愛国の花」も有名であるが、真偽は別として、「韓流ドラマ」によくでてくる朝鮮半島の英雄譚はたいてい卑怯な手か、悲劇の物語ばかりで

大統領が政務を行う青瓦台

ある。

そもそも歴代の大統領は初代の李承晩をはじめ、たいてい悲劇的な結末を迎えている。それは朝鮮史が悲劇の歴史であり、ほとんどの人物が朝鮮半島に生まれ育てられる以上、宿命的にそのシンボルとして悲劇的な最期を迎えざるをえないのではないだろうか。

ことに近現代になって「反日」が英雄の基準と定められてから、その価値基準はさらに「悲劇」を拡大再生産していく。

日韓合邦の推進役としての李容九《りようきゅう》（一八六八～一九一二）、宋秉畯《そうへいしゅん》（一八五八～一九二五）、近代朝鮮文学の父とされ、徹底的な民族改造論を貫いた「二・八独立宣言書」起草者の李光洙《イグァンス》、朝鮮語だけでなく、伝統文化まで全廃を主張した急先鋒とされる玄永燮《ヒョンヨンソプ》など「親日派」として、朝鮮を礼賛しない改革維新の旗振り役は、ほとんどが「悲劇的結末」を迎えている。これは中国の伝統文化を詳細に批判しながら生涯を終えた、魯迅の運命とはまったく逆である。

甲申政変の主役・金玉均の屍《しかばね》がばらばらにされ、「漢江の奇跡」の主役朴正熙は側近に暗殺された。朝鮮半島の近現代の国を思い、貢献もした人物は、なぜほとんど「悲劇的結末」を迎えざるをえないのだろうか。朝鮮の悲劇とともに歩むのが歴史の宿命だろうか。考えさせられることが多い。

世俗的人びとにとって「宗教」とは何か

地区・地域を表す呼称として、ユーラシア大陸では東洋と西洋をよく耳にするが、もし真中のイスラム世界を中洋と称して三分すれば、東・西・中の三洋になる。またそれ以外に、「南洋」という海の世界もある。

宗教地図から見れば、西洋はキリスト教文明圏、中洋はイスラム文明、インド世界でさえ、ヒンズー教をはじめ、宗教心の強い世界である。岡倉天心は『東洋の理想』で「アジアは一つ」と説いたが、アジアは宗教を一つにするのは、「絶対不可能」に近い。かつて仏教はインド世界から北上して、チベット、西域《せいいき》を経由して東亜世界に入り、ユーラシア世界の東半分は仏教一色に彩られ、大仏教文明圏になった。

一方、儒教はかつて「三教合一」を熱望してもできなかったので、約千年前の宋の時代に入ってから、仏教的発想で理・気の学（宋学とも呼ばれる）がおこり、やがて朱子学と陽明学に集大成した。約六〇〇年前の明の時代から、アルタイ語系のトルコ系語族がイスラムに転向したのにつづいて、大中華も小中華の国ぐにと人びとも仏教をすてて、儒教に転向した。がいして東洋の人びとは、西洋と中洋に比べ、それほど強い宗教心がなく、世俗化されたという見方も多い。

それでも、日本には神道と仏教がある。多神教的土台があるから、「和」の社会の仕組みがあり、多様多彩を容認するのだ。そこがヤマトイズムと中華思想とのもっとも根本的なちがいである。明と李朝時代には朱子学しか許されないのに比べ、江戸時代には朱子学はもちろん、その天敵とされる陽明学もあり、伝統の神道と仏教以外に新興の国学や西洋から入ってきた蘭学もあった。ソフト・パワーから見てもきわめてダイナミックであり、中国史に見られる春秋戦国時代の「諸子百家」そのものだ。

もちろん大中華も道教、小中華にもシャーマニズムがあったが、官学までにはなれなかった。歴史にかぎって見ても、官定（正史）が主流であり、「民史」は野史として、排除されている。

それも儒教国家の一大特色となり、「独尊」しないかぎり儒教は思想の競争には勝てないので、官によって独占、過保護される。マルクス主義も社会主義も同様であり、官の保護下にのみ生きのこるのである。

それでも秦の天下統一前、「春秋戦国」時代には、儒教・道教をはじめ、一家言をなす「諸子百家」があった。中国思想の黄金時代とまで言われ、あらゆる思想がそろっているとも称賛されるが、がいして「政治・仕官」のため、つまり立身出世の「目的立法論」のみに止まった。つまり心と魂だけでなく、物事の本質や根源を探る説や思想がない。儒教的倫理も仁や義などの徳目をあげ、「あるべき」ことを説くだけなので、ヘーゲルなどは哲学や原理原則がなく、市井の通俗的道徳論にすぎないと蔑んでいる。中国生まれの、ほとんどの「東洋思想」といわれるものは、一つとして西洋どころか中洋、インド世界にさえ入っていない。あるのは、学者や哲人、賢人の「東洋趣味」くらいのものだ。仏教やイスラム教、キリスト教など宗教の伝来史を見ると、なぜか東側にしか広がっていないのは、一目瞭然だ。

東洋世界、ことに大中華と小中華世界の国ぐにと人びとは、きわめて世俗的で宗教心がうすい。心も魂もないカカシの人ばかりだからという見方も少くない。

ことに「儒教文明圏」と称される国ぐにと人びとは、きわめて政治的である。ことに新儒教としての朱子学は、孔子以来の「大義名分」（春秋大義）があって、極端な排他性が強いので、宗教の絶滅までしないと儒教国家の存立まで脅かされるとして、官、民、儒、道がよってたかって仏教絶滅の挙にでた。一例として、「三武一宗《さんぶいっそう》」（北魏の天武帝、北周の武帝、唐の武帝、後周の世宗）の廃仏棄釈が有名である。李朝朝鮮も同様に「崇儒斥仏」が国策として行われた。

「宗教は人民のアヘン」やら「宗教は毒」という宗教観は、決してマルクス・レーニン主義や毛沢東思想の申し子ではなく、古代から儒教をはじめ、世俗化した民族の宗教観である。鈴木大拙《だいせつ》師の言葉をかりれば、宗教とは「霊性」である。

儒教徒の湘軍《しょうぐん》が太平天国のキリストの天地会カルトに対して行った有名な「南京大虐殺」（一八六四年）や、義和団（北清事変、一九〇〇年）に見られるキリスト・カソリック教徒に対する皆殺しと西洋文化の破壊、そして回乱以後の「洗回《せんかい》（イスラム教徒の皆殺し）」運動は、二十世紀に至るまでえんえん数十年もつづくが、社会主義とはまったく関係がない。社会主義イデオロギーの一つとして、「宗教は人民のアヘン」というのは、大中華の古来からの「霊性」でなくとも「宗教観」そのものだ。李朝末期の「衛正斥邪」運動も、カソリック教徒への虐殺も、社会主義とは関係がない。

人間は魂の救いを求める場合が多い。自然に対して、社会に対して、怖れるものがなくなると、何をやってもよいということになってしまう。

東洋人の中で、韓国人に古代からのシャーマニズムが強くのこっているのはたしかである。

朝鮮、韓国にかぎらず、東北アジアからシベリアに至るまで、ことに東胡（ツングース）系の伝統文化に強くのこっている。迷信が信仰心と同一視されることも多い。

仏教が「我執」を忌みきらうのは、頑固一徹で、自己中に執着するからだ。朝鮮半島の人びとは「中華思想」が強いが、南北で大きな宗教観のちがいも見られる。キリスト教、ことにカソリックの信者は、「脱北者」がゼロに近いのに対し、「脱南者」がことに多いのだ。私はここに「中華思想」と韓国人の「宗教心」との関連性を見いだすのである。

第四章

世界から嫌われる朝鮮人のメンタリティ

ウソの主張で天皇侮辱を正当化する

最近、韓国の文喜相《ムンヒサン》国会議長がブルームバーグのインタビューをうけて今上天皇を「戦争犯罪の主犯の息子ではないか」とし、「天皇が一度おばあさんの手を握って『本当に申し訳なかった』と一言いえば（問題が）すっきり解消される」と話した。この文喜相とは、文在寅政権が誕生したときの特使として日本を訪問し、慰安婦合意について「世論が反対している」と伝えた人物。日韓議員連盟の一員なのに、たびたび反日的な言動をしていた。

これに対して、日本の河野太郎外相が「発言に気をつけてほしい」と批判し、国会答弁で安倍首相が謝罪と撤回を要求したと述べている。それほど日本人の心性をふみにじる内容だったのだ。文議長は「戦争犯罪の主犯の息子」とは言っていないと反論しているが、いずれにせよ天皇に謝罪を求めるという非礼な態度には変わりがない。しかも天皇ではなく、「日王」という表現を使っていた。

日本人にとって天皇は「日本国の象徴であり、日本国民統合の象徴」である。天皇を侮辱されることに対して強い拒否感をもっている。二〇一二年に李明博大統領（当時）が竹島に上陸した上に「日王が韓国を訪れたければ、日本が犯した悪行と蛮行に対して土下座して謝罪しな

ひらきなおっているのか？　文喜相韓国国会議長

ければならない」などと発言し、日本の世論が強く反発したこともあった。

韓国が日本の皇室をたびたび侮辱するのには、理由がある。日本が朝鮮半島から七つのものを奪ったという「七奪」の一つとして、「韓国の王族を日本が奪った」と主張しているからなのだ。日韓併合（合邦）によって李氏朝鮮の王家を滅ぼしたという。

しかしそれはまったくの歴史の捏造だ。日本は日韓合邦時、朝鮮王朝の王家に皇族に準じる地位を与え、さらに皇族である梨本宮家の方子《まさこ》女王を、李氏朝鮮国王かつ大韓帝国初代皇帝・高宗の世子である李垠《りぎん》へ嫁がせた。

日本が韓国を植民地にしたなら、皇族を植民地の王に嫁がせるなどということは、ありえない。イギリスはビルマ王朝の男子を処刑、女子は兵士に与えて王朝を滅亡させたし、千年以上も宗主国であった中華王朝にしても、皇帝の親族を朝鮮王朝に嫁がせたということは絶無だ。

親族になるということは、同等の地位になることを意味するから、属国や植民地の王族に嫁がせるなど宗主国にとってありえないことだ。ところが日本はこうした国ぐにと異なり、朝鮮半島に気を遣って王族を残し、しかも皇族に準じる地位を与えて親戚関係まで築いた。

李垠の父・高宗は、日本に抵抗する意味で一八九七年に国号を李氏朝鮮から大韓帝国に改め、さらにみずから皇帝となった。一九〇七年にはオランダのハーグで開催されていた万国平和会議に密使を送り、国際社会に対して日本批判とともに自国の外交権回復を訴える暴挙にでている。

そのような東アジアのトラブルメーカーであり、財政が実質的に破綻していた大韓帝国の外交自主権を停止し、日本が保護国化するというのは、国際社会が望んでいたことでもあった。結果、高宗の訴えは完全に無視された。高宗は日本に対して敵対的な行動を取っていたものの、日本は朝鮮王室を断絶させることなく、李垠が皇太子となることを認め、さらに日本の皇室と親戚関係をつくって庇護《ひご》したわけだ。

しかし日本敗戦後、韓国大統領となった李承晩《りしょうばん》は、日本にいた李垠の帰国を認めない。王室が復活し、政治の実権を握ることを恐れたのがその理由である。

結局、李垠は朴正煕の時代の一九六〇年代になってようやく韓国へ帰国できたが、王室が復活することはなかった。要するに、韓国国民が王室復活を望まなかったのである。

この流れから考えると、韓国から国王を奪ったのは日本ではなく、李承晩であり、韓国国民となる。ところがそのことをまったく無視して責任を日本になすりつけ、「国王を奪われた恨み」として天皇を「天皇」と呼ばず、わざわざ「日王」と呼んで軽んじているわけだ。

もちろん二千年以上も事大主義（大国に仕える）を続けてきた小中華の韓国にとって、「皇帝」とは中華帝国に君臨する存在であって、日本の「天皇」を認めていないという潜在意識もあるのだと思われる。

ただし、文国会議長が「天皇が謝罪すれば、慰安婦問題はすぐ解決する」というのも、まったくのウソだ。もしもそのようなことがあれば、さらなる日本批判の道具にすることは目に見えている。もともと慰安婦問題からして、韓国側から「強制性があったことを言ってくれれば、問題は一区切りできる、未来志向の関係が築ける」と言われ、慰安婦証言の裏付けも取らないまま、「河野談話」を発表してしまった。このことが、「慰安婦問題」を現在まで続く大問題にまで発展させてしまったのだ。これは二〇一四年四月二日に国会で行われた、石原信雄元官房副長官の証言でも明らかである。

韓国側の「こうしてくれれば問題は解決する」という提言は決して信じてはいけない。「泣く子は餅を一つ多くもらえる」という諺がある国なのだ。一つの要求に応じれば、それを既成事実としてさらなる要求をしてくるのが韓国という国であることを日本人は忘れてはいけない。

かつて李明博大統領は「日本はかつてほど強くない」という発言をしたが、事大の国からすると、弱い国と思った相手に対して徹底的に嫌がらせをするのが普通なのだ。

救国戦士も「親日名簿」に入れて売国奴に

李垠のお付き武官に安秉範《アンビョンボム》大佐という軍人がいた。戦後、韓国で首都防衛を任される。ところが朝鮮戦争が勃発、北朝鮮軍の猛攻撃によってソウルは陥落、安秉範はその責任を取って割腹自殺をはたした。

朝鮮戦争では李承晩大統領が真っ先にソウルから逃げ出し、しかも敵が追いつけないように橋を爆破、そのために逃げ遅れた多くのソウル市民が犠牲となった。軍のトップが早々に敵前逃亡した一方で、旧帝国軍人だった安秉範は最後まで自分の任務を遂行したわけだ。それなのに現在の韓国では、かれが旧日本軍で大佐まで昇格したことから、「親日名簿事典」（民間団体が編纂《へんさん》した対日協力者名簿）にその名が刻まれ、売国奴扱いされている。

また、旧日本軍時代に多くの軍功を立て、戦後は北朝鮮の侵攻を予知していた武人に金錫源《きんしゃくげん》将軍がいる。その勇名は北朝鮮軍にも聞こえていたため、北朝鮮軍は非常に恐れていたといわれる。日本刀を振りかざして前線で指揮する姿は軍神そのもので、朝鮮戦争ではその名を慕って、かつての戦友である朝鮮人軍人が多く集まったほどだそうだ。まさに「救国の士」金錫源も現在では、「親日名簿事典」に入れられている。

かつて日本の皇軍で働いた過去のある人物は、たとえ戦後に救国戦士だったとしても、売国奴扱いされるのが韓国なのだ。その一方で日本と敵対した人物は、徹底的に義人扱いする。

最近では、閔妃（明成皇后）が「悲劇の王妃」として、ドラマなどで美化されている。その暗殺劇は一説によると、閔妃と嫁舅《よめしゅうと》の争いを続けていた大院君が暗殺の黒幕だったと言われている。いずれにせよ閔妃は王宮内で政争に明け暮れ、浪費によって財政を破綻状態まで追い込んだ張本人として、つい最近までは韓国でも「悪女」の代名詞のような存在だった。ところが「日本に殺された」という話から悲劇的なストーリーがでっち上げられ、「国母」の扱いをうけるようになった。

このように現在の韓国の歴史はすべて「反日」が基本となっている。強盗殺人を犯した過去があり、多くの同志をテロで葬った金九《きんきゅう》などは、一九一九年の三・一運動失敗後、上海で大韓民国臨時政府主席に就任して日本に宣戦布告を行ったものの、国際的にまったく認められなかった。にもかかわらず現在では「抗日活動家だった」という理由から、義人として顕彰された。盧武鉉などは、金九をリンカーンと並び称するほど高評価しているのだ。

大中華と小中華はどこまで同じか

「朝鮮半島は中国の一部」と考えるのは、決して習近平主席一人ではない。習近平と同じ考えをもっている中国人が十数億人いることを考えると、朝鮮半島の人びとが南北をあわせても、いくらちがうと否定しても、ものの数ではない。

精神的に見ても大中華と小中華はそれほど変わりはない。似たもの同士だ。統一新羅の時代から「千年属国」として歩んできた小中華の歴史からすれば、たとえ「同様」でなくても「似ている」のではないかという見方も少なくない。

いや、朝鮮・韓国人の心性や民族性などに至るまでのエートスは、中国人というよりも中国人と日本人のほぼ中間という考えもある。だが今では、南の韓国や北の朝鮮も国連へ加入しており、戦後ナショナリズムが高揚してからの国家意識としては、中国以上に中華思想に至っても一二〇%おかしくないという説さえあるから、小は大よりも強烈である。いかんせん、「大」韓民国である。

エートスは文化風土から生まれたとされ、もちろんメンタリティやビヘイビアも文化風土をベースとすると考えられている。大陸、半島、海洋の島などのちがいがある上に、文化・文明といった歴史的影響もあるので、大中華と小中華、日本はそれぞれのエートスも心性も同様のはずがないという考え方もある。東アジア史を見るかぎり、山東半島は春秋時代から、遼東半島は三国（魏・呉・蜀）の時代から華化・漢化され、朝鮮半島も唐の時代から千年の属国として姓氏まで漢化をされた。それは北方の朝鮮だけにかぎらず南の越南（ベトナム）に至るまで、大中華の影から逃げられなかった。

近現代になって朝鮮半島は近代化、産業化が進み、大陸の農・牧などの伝統社会から離れ、新風が吹き込まれた。大中華と小中華は少なくとも精神史から見れば、じょじょに離れていった。戦後になると朝鮮半島は南北ともナショナリズムの洗礼をうけ、イデオロギーはちがっていても南北とも漢字をやめて表音文字のハングル（諺文《おんもん》）を使い、「大中華のくびき」を脱して独自の道を歩みつつあるように見える。

ことに北朝鮮は一時、中ソ（露）と社会主義の道を歩みながらも、チュチェ（主体）思想を強調することによって、精神的にも「離乳」が読み取れる。大中華と小中華は一つではなく、ソフトウェアのほうでは離れつつあるとも言える。

文化・文明の大枠から見て、小中華の文化は、オリジナルのものはほとんどなく、大中華からパクったものばかりであるように見えるが、近代になってからは逆転の傾向も見られる。たとえば、大中華の近代化＝洋化と見られる「五・四運動」は、一九一九年の小中華の三・一独立運動の刺激からおこったものであり、大中華の改革開放中の近代的な歩みのほとんどは小中華から学び、パクったものである。

これについては、考えさせられることがじつに多い。大中華から学びつづけ、中華文明のサブシステムとして機能しつづけてきた朝鮮はアヘン戦争以後、大中華から学ぶことがほとんどなくなった。二千年以上の伝統がある大中華が逆に西夷や東夷に学ぶようになる。一八九八年の戊戌維新において東夷（日本）に学んだだけでなく、五・四新文化運動は小中華に学び、改革開放後は小中華の韓国、さらにかつての化外の地の台湾にも学ぶ。近代文化を問うには、そこから考えなければならない。

小中華の人びとの国民性を探る

戦後日本では、国民性・民族性（民性）、心性などについてそれほど語らなくなり、関心も薄くなったのはさまざまな理由がある。産業化、都市化以外に「情報化」の時代とまで喧伝され、グローバル化が進められて、国家としての個性がなくなってしまったのだろうか。しかし、

「国」への関心は決して失ってはいない。「国家の品格」という言葉に見られるように、なおも民衆の関心が強くのこっている。

日本は近隣諸国とはちがって、昔から外の世界への関心は比較的強く、文化・文明、文物の流入をうけ入れてきた。日本は『魏志倭人伝《ぎしわじんでん》』をはじめとする中国の正史や『日本書紀』などの文献からも、半島や大陸との交流がうかがえる。昔から支那大陸やら朝鮮半島への関心が強かったのだ。

私が江戸時代の人々の朝鮮半島への関心が、半島と陸続きである中国以上に強いことを発見したのは、論著の数字からである。日本には中国の数倍どころか数十倍にものぼる半島に関する著作があり、驚きに堪えない。

二十世紀に入ってからの朝鮮・韓国人の民性、心性を知るための多くの論著があるが、私は清末近代中国の著名な経綸（国家の秩序をととのえ治めること。また、その方策）家の梁啓超《りょうけいちょう》、近代朝鮮文学の父とされる李光洙、「漢江の奇跡」を成し遂げた朴正熙元大統領らの説がいちばん傾聴すべきだとあげたい。

梁啓超は、清末の戊戌維新の主役の一人である。辛亥《しんがい》革命期だけでなく、民国以後の「連省自治（中華連邦）運動」でも指導者の一人に数えられ、近代中国の思想家、政治家というよりも経綸家と見るべきだと私は思う。近代中国の大天才として、戊戌維新失敗後に伊藤博文までが「この人材を失ってはならぬ」と嘆き、日本亡命に尽力したほどだった。

日韓合邦、朝鮮滅亡について梁は大院君、高宗と閔妃のせいとし、両班を諸悪の根源と分析。朝鮮人の民性、心性については、文人の目から次のように指摘している。民衆を猛禽《もうきん》畜生のごとくに扱い、朝鮮社会は厚顔無恥で陰険悪辣《あくらつ》な輩が多く、節操自愛する者が少ないと述べている。「冗談を好み、感情の起伏激しく、よく怒る。形式を好み、世辞好き。内紛と派閥抗争に明けくれ、厚顔無恥で陰険、安逸を貪《むさぼ》る（安心立命）」「空論を好み、終日政談にふけり、将来のことはほとんど考えない」

「二・八独立宣言書」の起草者、上海臨時政府の「独立新聞」の主筆、「民族改造論」の旗手でもある「近代朝鮮文学の父」ともいわれる李光洙は朝鮮人の性格について、こう指摘している。

「虚言、詐欺、相互不信、美辞麗句、空理空論、阿諛《あゆ》迎合、面従腹背、大勢順応、無恥、悪口、臆病、無決断、反社会的利己心」

そして朝鮮戦争後、世界最貧国の韓国をOECD加盟国家までに築き上げた近代韓国の大功労者、朴正熙元大統領は、著書『韓民族の進むべき道』（「朴正熙選集①」鹿島研究所出版会）で自国民の国民性についてこう語っている。

「四色党争（四つの党派に分かれて抗争を繰り返したこと）、事大主義、両班の安易な無事主義な生活態度によって、後世の子孫にまで悪影響をおよぼした。民族的犯罪史である」と李朝史を総括しながら「今日のわれわれの生活が辛く困難に満ちているのは、さながら李朝史の悪遺産そのものである」

「今日の若い世代は、既成世代とともに先祖たちの足跡を恨めしい眼で振り返り、軽蔑と憤怒をあわせて感じるのである」

また韓国人の「自律精神の欠如」「民族愛の欠如」「開拓精神の欠如」「退廃した国民道徳」を痛切に批判した。

以上三世代にわたる二十世紀の朝鮮、韓国人の民性についての見方は、「礼賛」ではない。それどころか「冷静にして客観的」で、私は同感共鳴するところが多い。

時代、世代別の代表的な人物からだけでなく、「常識的」な小中華の人びとについての心性、性格について、尹泰林の『韓国人』の中に以下の国民性をあげている。

過度の感受性、感情優位の思考・行動様式、過度に執着、保守性が強い、権威主義的だから、権威に対する劣等感などの意識をもっている。体面を重視し形式主義に陥りやすい。功利的で現世中心の思考をもっている。

最近の日韓関係の悪化により、韓国は法よりも「国民感情」が優先する国民だという常識が日本人に定着しつつある。それが尹氏の指摘する「感情優位の思考」だろうが、私は韓国人については、むしろ「外華内貧」、そして「我執」が強すぎるというイメージが強くのこっている。

ウソつきでないと生きられない社会の不幸

大中華と小中華社会の共通のメンタルについては、私はよく「ウソつき、ホラ吹き、裏切り」の三点セットをあげるが、中国人と日本人のちがいについては、私はたいてい「詐と誠との一字の差だけ」だと躊躇《ちゅうちょ》なく即答する。もちろんその一字の差は大中華と小中華の社会では共有のメンタルであり、差はない。

世界一のウソつきは大中華か小中華か（あるいはどっちが上か）と同様に、北京《ペキン》と京城《ソウル》の都は、どっちが世界一汚い（不潔な都）かもよく聞かれる。しかしこうした「二者択一」型の設問は誤解を招くおそれがあるので、ここではその「分別」について、とりあげたい。

大中華には「すべてウソ、本物はペテン師だけ」という俚諺《りげん》があり、「騙しの文化」とまでいわれる。小中華のほうでも、「息を吐くようにウソをつく」というのがあるので、どっちもどっち」であり、甲乙をつけがたいところである。

日本人は幼いころから「ウソつきは泥棒の始まり」と親にしつけられる。ウソをついてはならぬという社会規範もあるので、「盗人がいない社会」として『魏志倭人伝』や『隋書倭国伝』

といった古典にまで特記されている。また大航海時代に来日した宣教師、使節、学者、旅行者が日本には「盗人」がいないと、その「見聞録」に散見される。それがウソばかり、「盗人」だらけの大中華とも小中華の社会ともいちばん大きなちがいだとよく語られている。

国家によって文化がちがうのは当然だし、個人においても「十人十色」であることは否定できない。兄弟姉妹でさえ、性格がちがうことは誰でも知っていることであろう。この現実から目をそらすだけでもウソになる。

私は異文化同士の遭遇で起こるいざこざをよく見てきたが、たいていは日本人の片思いの結果である。日本でよく耳にするのは、「以心伝心」やら「腹を割って話しあえば互いに理解できる」というものだが、これは外国には通じないと注意をうながしたい。

日本人が誠心誠意、腹を割ったところで、中韓両国人からすれば、腸まで見透かし、まさしくカモがネギをしょってやってくることになる。じつにバカバカしい思い込みだ。じっさい日本でも「以心伝心」は義侠《ヤクザ》の社会しか通用しないことも事実だろう。異文化との遭遇にさいしては、「話にならぬ」というのが前提なのである。

では異なる文化風土から生まれた社会のエートスとしてのヤマトイズムと中華思想を、誠と詐の一字で一括することが可能であることを以下に検証したい。

社会規範としての倫理道徳から見て、大中華も小中華も「三綱（君臣・父子・夫妻間の道徳）

五常（仁・義・礼・智・信）」「四維（礼・義・廉・恥）八徳（仁・義・礼・智・忠・信・孝・悌《てい》）」などの徳目を強調し、ことに小中華は、「孝は万徳の元」と説いている。それなのに日本に神代からある「純」と「誠」はなかった。

日本では、この「誠」をさらに「至誠」にまで高めることがヤマトイズムのコアにもなっている。

そもそもわれわれはスポーツでいわれるように「正々堂々」と闘うために「フェアプレイ」を誓うが、中国はすでに古代から『孫子』『呉子』をはじめとした「兵法（武経）七書」で、「兵は詭道《きどう》」と兵学を説いている。これに対して日本が独自の兵書を創出するのは戦国時代まで待たねばならなかった。なぜ中国に比べ二千年も遅れたのだろうか。「誠」や「正々堂々」を重んじるから兵書がなかったのだろうか。

ではなぜ中華社会はウソでないと生きられないのだろうか。それは社会の仕組みからの宿命とも言える。

まえにも紹介したダレ神父は『朝鮮事情』の中で「五十の陰謀があれば四九が共謀者からばれる」と述べているとおり、首謀者以外の全員が裏切り者となる社会である。これはじつに悲しい宿命だろうが、最初の史書とされる『三国史記』でも卑怯な手で裏切ることを美談としているのだ。こうした文化風土からは、ウソや裏切りの歴史が生まれるほかはないであろう。

拉致問題で北朝鮮がニセの遺骨を平気で日本に送りこんだのも、日本の医療技術を見くびったからかもしれないが、それで誤魔化《ごまか》せると思ったからであろう。「胡乱」でも朝鮮は満蒙八旗軍と城下の盟を結んだ後に、ニセの王子を人質にだすなどウソがばれたために、「反覆無常（気まぐれ）」「信義のない」国とみなされ、下の下国にされたのである。

今でも日本にいる韓国人売春婦の多くが日本人名を名のるのは珍しくない。日本のマスメディアも「共犯」で、韓国人犯罪者を日本人名で報道する。

信のない国として今でも旧態依然だから、悲しいというよりも「不幸」だろう。いかんせん、朝鮮半島で暮らしている人々の約三分の二が逃げ出したいと思っている国でもあるのだ。

昔も今もすべて他人のせい

責任感をもち、いつも決められたルールにしたがって行動することが日本では重んじられている。古《いにしえ》より聖徳太子の十七条憲法が、そのまま生活の基準として守られてきているのである。これは〝敗戦〟によっても決して変わっていない。江戸時代の西洋人の「見聞録」にもこういう話がのこっている。

スエンソンの『江戸幕末滞在記』（長島要一訳、講談社学術文庫）には、

「彼らが文句なしに認める唯一のもの、大君から大名、乞食から日雇いに至るまで共通な唯一のもの、それは法である」

また、一八五五年に下田を訪れたドイツ人のF・A・リュードルフの『グレタ号日本通商記』（中村赳・小西四郎訳、雄松堂出版）にも「法は比類のないほど細分化されており、例のないほど一分の隙《すき》もない。皇帝も取るに足らぬ日雇い人足も誰でも法の支配に服している。そのさい、法は過酷なほど厳しい」と書かれている。

日本人とはちがって、小中華の人びとは、都合が悪くなるとすぐに他人《ひと》のせいにする。日本人ほど責任感がないからであろう。もちろん日本人にも「無責任」な人物はいるし、近年「自己責任」が日本社会で問われるようになっているが、韓国人の比ではない。

李圭泰《イキュテ》の『韓国人の意識構造』（東洋図書出版、一九七七年）には、韓国人の性格について次のような記述がある。

「字をうまく書けないのは筆墨のせい、モチをうまくつくれない女はまな板のせい、暮らしが悪いのは祖先のせい、事業がうまくいかないのは墓のせい」

こうして、何でもかんでも責任を転嫁する。困ったことに、韓国人は不幸と不運については、原因や責任を他人になすりつけるクセがあるのだ。

自己責任の考えがまったくない人びとばかりだから、周りの人びとが迷惑なだけでなく、先人たちも大変困惑するわけだ。あれほど老人を大事にするという祖先崇拝の国でありながら、「戦前の日本世代（＝老人）が死に絶えないかぎり、韓国はよくならない」と公言するハングル世代はいったい何を考えているのだろう。

本来、小中華は大中華以上の「祖先崇拝の国」として、「万徳の元を孝」とする「孝の国」である。老人の一挙手一投足がすべてのことに優先されてきた。「死者が生きている人を支配する国」としても有名である。「国が滅びても、老人の一言を守りたい」という故事も多くある。たしかに親孝行の面では、小中華の社会は大中華どころか、日本人以上に大事にされることが世に知られ「美風」としても称賛されている。だが、昔のよき時代の影響をうけていないハングル世代になると、その古代の美風さえ消えつつあるのも現実だ。じっさい二〇一三年五月に、宗廟《そうびょう》市民公園で「日本時代が悪いとは思わない」ともらした九十五歳の老人が若者に殴り殺されるという無残な事件も起きている。

今ではＯＥＣＤの国の中でも、韓国の老人の自殺率がいちばん高いという老人受難の時代になっている。

韓国人は自己中であり、人を思いやる気持ちは社会全体にまで行き渡らない。また、今の韓国は賄賂がないと回らない社会になっている。政治腐敗、強盗殺人、子供の誘拐、婦女暴行、詐欺横行などの道徳的退廃は、日を追ってますますひどくなっている。

日本人が比較的責任感が強いのは、伝統的にいざというときには「割腹」という「武士道の精神」があるからで、ヤマトイズムとしての精神性が弱くなると、戦後のように無責任が横行するという分析もある。他人や社会のせいにすれば、たしかに自己責任が回避できる。

もちろん、「無責任」が社会で横行するのには、自信過剰からくるものも少なくない。「自大」「絶対無謬」という過信からくるものも多い。

誰も責任を取らず他人に転嫁することは、小中華の人びとにとっては不幸そのものだ。責任者がまっ先に逃げるのは、話題になったセウォル号沈没の船長だけでは決してない。たいてい企業が倒産寸前になると、社長は先に夜逃げして社員が置き去りにされる。朝鮮戦争で北朝鮮軍がおしよせると、初代大統領の李承晩はまっ先に逃げ、橋まで爆破して、国民を置き去りにし、逃げさせなかった。いざというときにはたいてい国王がまっ先に逃げ、民衆は泣き叫び、北方へ強制連行される。朝鮮半島では国王さえ責任を負わず、官と民は別々で無責任を繰り返す。

たいてい「易姓《えきせい》革命」の国は、すべて悪いのは前の王朝のせいにして「革命の大義」を説くのが相場だから、歴代の大統領の悲劇も、その「易姓革命」の悲劇を繰り返す。

朝鮮戦争も、南北分裂も日本のせいにするだけでなく、韓国に禿山《はげやま》が多いのも、名跡旧跡が少ないのも、すべて日本の侵略のせいにしている。

韓国はよく「壬辰倭乱《じんしんわらん》（文禄・慶長の役）によって世界一豊かな国から世界一貧しい国になった」などと恨《うら》み辛《つら》みを説くが、「倭乱」はすでに四百年も前の秀吉の時代だ。四百年経っても立ち直れない民族が、よくまだ地球上に存在できているなと不思議に思う。

国民性というものは、なかなか変わらないものだ。ことに韓国・朝鮮は悲しいぐらい、じつに強固なものがある。本能が危ないと察知すると、沈没のさい船長が乗客を見すて、社長が社員を見すて、国王や大統領が民衆や国民を見すて、さっさと逃げるという歴史が如実に物語っている。

自信過剰と自己中心的思考が「自分は悪くない」と責任転嫁ばかりして、さらに「他人を犠牲にするのは当然」と考え、同胞どころか家族まで見捨て、踏み台にしていく。それが小中華の人びとの根性だろう。

会社や国家も無責任が横行すると、当然ながら愛社精神も愛国心もなくなる。いざというとき、最高責任者がさっさと先に逃げてしまうのは、朝鮮半島史の掟のようにもなる。そのような指導者をもつ国民はじつに不幸きわまりない。法治国家と人治（徳治）国家の人びとの責任感とエートスは、そこまで異なるのかと思う。

恨《ハン》の文化から生まれた小中華の悲劇

日本では一時「日本文化はユニーク」という「文化論」が流行った時期があった。しかし「文化」というものは、いかなる文化もユニークなもので、ユニークではない「文化」は「文明」と称されることが多い。なぜかというと「普遍性」をもつものが「文明」だからである。

小中華の文化が「恨の文化」と称されるならば、大中華の文化は「怨《エン》の文化」といえるであろう。どちらも「恨み辛みの文化」だから、性格的には後ろ向きになり過去にこだわる。したがって、「仇討」（復仇《ふくきゅう》）が倫理となるのである。過去を極力水に流そうとするヤマトイズムとは方向性が異なる。

「過去」にこだわる「恨文化」の思考方式、価値志向はいきおい「我執」にまでなることも多い。精神史から比べると、日本人の方向性は「前向き」で、つねに「新」を求める。伊勢神宮の「式年遷宮《せんぐう》」がまさしくその「新」を求める儀式で、過去のことは「水に流す」という禊祓《みそぎはらい》は、「過去にはこだわらない」シンボルでもある。この点でも中華の国ぐにと日本は「文明衝突」と「文化摩擦」がさけられない。

九〇年代にロンドンでの会議が終わった後に仲間と行った、スコットランド旅行のさなかに起こった恨み辛みのしつこさを感じさせる一件を思い出した。ヨーロッパ大陸は熱波で死者まででたのに、スコットランドは小雨がつづき、二〇度以下で寒かった。スコットランド人のガイドさんは民族服を着て、ユーモアたっぷりに歴史を語り、初日はおもしろかった。ところが二日目以降、スコットランドがいかにイングランドの圧迫に耐えしのぶことができたかなどの「反英」の話ばかりがつづいた。食傷気味になった私は「もっとおもしろい話があるのでは？スコットランド人もかつて大英帝国の恩恵をうけたこともあったのではないか」とガイドに質問せざるをえなくなった。

このスコットランド人の気持ちは韓国人と似ている。しかし恨み辛みだけでは、一歩も前に進まないのではないか。もっと志向を現在や未来のことなど「前向き」にしないとやっていけないのではないのか、と。

「文化」の定義については多くあるが、「文明」と対比的にとらえるものもある。たとえば文明は物質的でハードウェアであるのに対し、文化は精神的でソフトウェアに属するといったように。

他にも「文化」は、内在的、求心的、集積的、民族的、個性的な事物に属するとされ、本質的には心や魂が救いを求めるもの——哲学、宗教、芸術が文化を背景とする一方で、科学技術は文明と区分する定義もある。

Ａ・トインビーは文明の中心、文化のコアを普遍的な世界的宗教とするが、もちろん文化のコアが宗教を主張するとはかぎらない。トインビー以外には、芸術や倫理が文化のコアであるという主張もある。

「恨の文化」をより深く理解するには、ニーチェの「道徳観」がいちばんわかりやすい。ニーチェは、「道徳」を「主人の道徳」と「奴隷の道徳」、「強者の道徳」と「弱者の道徳」とに分類するが、奴隷・弱者の道徳はルサンチマン（怨恨《えんこん》感情）からくるとする。小中華の「恨の文化」については、私にはルサンチマンからの理解がもっともわかりやすい。

ニーチェのいう「奴隷の道徳」とは、強者・主人の道徳とは逆で、卑俗《ひぞく》で臆病《おくびょう》な凡人がもつ道徳のことだから、「畜群の道徳」ともいわれる。

同情心、親切、忍耐、勤勉、謙虚、寛容、中庸《ちゅうよう》などという徳目は、ニーチェからすれば、すべてが弱者、奴隷の道徳である。「植民地支配」という歴史観も強者に嫉妬《しっと》し逆恨みするだけで、臆病で何も「行動」を起こせず、せいぜい足を引っぱることしかできない。だから「観念」のうえで、復讐心だけを肥大化させたものが「奴隷の道徳」だとニーチェはいう。

強さを悪とし、弱さを善とする。平和とか安定、平等などを口にし、正義の名において強者に復讐するのである。ニーチェは「畜群」「奴隷」の道徳の跋扈《ばっこ》をクリアするには、謙虚に対しては剛毅《ごうき》、良心に対しては自尊をもつことをすすめている。

儒教道徳をベースに戦後、日本に大・小中華が「正しい歴史認識」をおしつけるのも、「奴隷の道徳観」からきているのである。と同時に、「勧善懲悪」という中華思想からくる「優越意識」も見逃してはならない。

中華思想の特徴については、江戸時代の国学者たちは、すでに「漢意《からごころ》（唐心）」と「和魂《にきたま》（和心）」とのちがいをはっきりと指摘していたのに、戦後の「良心的な日本人」は自虐的だけでなく、自国の文化については、「不勉強」そのもので、「無知」という一言につきる。「中華思想とヤマトイズム」についての知識は皆無であり、中韓にずっと踊らされ、ふりまわされてきている。

第五章

言語と文字はどこまでメンタルを決めるか

人類の歩みの中の言語と文字

私は幼いころから小中学生まで、多言語、多文化、多文明の台湾に生まれ育てられ、小さな町でも、隣近所は言語が異なるので、遊び仲間が家にくるとたいてい通訳をつとめていた。小学一年生のころには米軍の空襲中でも日本語教育、二年生には台湾語教育、三年生のころにはじめて北京語の教育をうけ、四年生のころには、中国国民党軍による台湾知識人の大虐殺に接した（二・二八事件）。以後、国共内戦中に、軍隊と学校で共同生活という少年時代を過ごしてきたのだ。多元的な言語と文字生活の中で、すべてを一元化（統一）される「切骨の痛み」を実感してきた一人である。

言語と文字は文化・文明のベースであることを知る人も多かろう。知っていても空気のようにその重みを知る人は少なかろう。近代中国文学の父とされる魯迅はよく口グセのように「物を比較してみないと良し悪しはわからない」と言っていた。日中韓の文字・言語と文化・文明との比較から、その因縁をよりいっそう深く明らかにしたい。

言語を表記するのには、二つの「かたち」がある。音だけの表音と、意味だけを表意する二つの方法である。西洋と中洋は、表意文字とされる象形文字から表音文字としてのアルファベットへと広がり、東洋のみが古代の象形文字から、中華、東亜大陸で漢字へと独自の発展を遂げてきた。もちろん十世紀前後、唐周辺の諸族に独自の国字と国風のブームが起き、一時的に独自に開発した国字を使用したことがあっても、文明の盛衰と国家の興亡とともに、栄枯盛衰《えいこせいすい》を繰り返している。「言語と文字」については、歴史時間は政治、経済とちがって、社会、文化と同様に長期にわたって探らないと、その影響は知ることができないものだ。

中華と東亜世界は表意文字としての漢字を専用してきている。そして戦後に急に漢字から表音文字としてのハングルを専用するようになった朝鮮半島の人びともいる。もちろん表意文字から表音文字への転換は、朝鮮半島の人びとだけではなかった。ベトナムをはじめ、多言語社会のアジアに数多く見られる。日本人としては、十世紀からすでに表意・表音、双方の文字を習合して漢字、仮名混じりの文章体系を創出しているので、「文化・文明」のちがいは、歴然としている。

なぜ漢字を使いつづけてきたのか

東アジアを巨視的に歴史時間と歴史空間の構造で見ると、上下（階級）には「人と民」、左右（種族、民族）には「華と夷《かい》」の二大対立がある。

ことに華夷の「夷」は、時代によって変化がある。史前から夷は長江文明の流れをくむ南の楚夷、楚蛮を指す。春秋時代末期に孔子が『春秋』で「尊王攘夷」の「夷」は具体的には「楚夷」を指すものとした。楚漢の争いでは漢が優位を決め、「呉楚七国《ごそしちこく》の乱」で漢王朝が南人の楚、呉を呑み込むことになる。南人と北人との争いは、宋の新党と旧党との政治的な改革をめぐる争いのみならず、中華世界でもっとも基本的な南北対立であった。稲作と雑穀作などの生態学的な対立だけでなく、経済的、人文的対立が二十世紀までつづく。決して「南船北馬《なんせんほくば》（南は川が多いので船を用い、北は平野が多いため馬を用いた）の風物詩」という詩的な表現で語りつくせるものではない。

北方アルタイ語系の北狄《ほくてき》との「華夷の対立」は、秦始皇帝の天下統一後に見られる長城を境とする農牧敵対の文明の衝突である。結局、満洲人とモンゴル人の連合王朝・清朝によって、華夷を統一する。

ではなぜ華夷を問わず、これが征服した地を「中国」と自称、二〇世紀に入って「地名」を「国名」にしたのだろうか。なぜずっと「表意文字」である「漢字」を今日に至るまで使用しつづけてきたのだろうか。その謎を解明せずにただ古典を探り、その論文に箔《はく》をつけるだけでは、史学者の堕落であり、歴史に盲目だと言える。

始皇帝が天下を統一する前の時代は「先秦時代」と呼ばれ、諸国林立「春秋戦国」時代の前は「三代」（夏、殷、周）、さらにさかのぼっていくと伝説の「三皇五帝」の神話の時代となる。黄河中下流域の中原《ちゅうげん》（中土、中国とも呼ばれる）地方の先住民である夏人、商（殷）人、周人は「華夏の民」と総称される。彼らはいったいどこからやってきたかということについては、古代史家などの専門家の間では、さまざまな説があり、まったくちがう方向からの推測もある。たとえば、中国古代史の重鎮、顧頡剛《こけつごう》によれば、夏人はもと西部にいた羌人《きょう》（チベット系）で、秦人はもと島夷《とうい》、山東から甘粛《かんしゅく》、陝西《せんせい》に入ったという。

岡田英弘教授によると、殷人は東北アジア系の狩猟民、「北狄」であるとして、私の推測とはまったくちがうところもある。私の推測では、夏人と周人については岡田教授の説に近いが、商（殷）人については甲骨文字から、むしろチベット、ビルマ・タイ系ではないかと考える。なぜなら文字の文法と配列からは、むしろ南方系シナの先住民と考えられるからである。というのも、日本語のトーンは二声、北京語は四声、われわれの台湾語には八声、音変もある。越人などはもっと多く、一〇声以上もある。形容詞と副詞などの修飾語は、中国の普通話《プートンホア》（北京語）とは、順序の配列が逆である。

この言語構造とのちがいから、商（殷）人は北方系（アルタイ系の東胡《とうこ》）ではないと考えられ、最近の言語学の研究成果から、台湾先住民であるマレー・ポリネシア系（南島語系）とも呼ばれる語族のホームグラウンドという説が学界ではじょじょに主流となっている。夏人は南の越系か、台湾から北上してきた越族の可能性もあり、夏人は韓人と共通の祖先ではないかという説を、私は大胆に予測している。そして周人については、西からやってきた半農半牧の民と予測する。

三代の「華夏」の民は、語源までまったく異なるので、表音文字はタブーとなる。コミュニケーションのメディアとしては、いちばん簡単な市場語と表意文字の漢字がもっとも合理的にして最適だと考える。

しかし五胡（匈奴、鮮卑、羯《けつ》、氐《てい》、羌）が中原に入り、漢人をホームグラウンドの中原から追い出してからも、なぜ漢字、漢文を使用しつづけたのか。華夏語族が東洋世界の歴史から消えて、五胡の時代以後、夷狄がずっとその主役になった。また社会意識の主流も儒教から仏教に変わっていた。それでもなお「表意文字」としての「漢字」を使用しつづけたのは、なぜだろうか。それは言語のまったく異なる語族にとっては、統括（支配）用の文字として、漢字が最適と考えられたからだろう。

近現代史の史例として、たとえば清王朝では、満・蒙語字を公用にして、詔書や条約に使用しているが、漢文も並記している。二十世紀に入って、文と語が乖離《かいり》していることが発見されても、漢文と白話文（口語文）が混在し、言語はマンダリン（北京語、普通話）が暫定的に使用されていた。呉、越、楚人からは、「北京語は胡説八道」（胡人と満洲八旗軍の言語）と貶《おとし》められてもいたから、「国語」「国文」として使用するのは、問題が多々あったことは理解できる。中国近代文学の父である魯迅は遺言として「漢字滅びなければ中国滅ぶ」と提起した。中国がかかえる言語と文字問題はじつに深刻である。

日本が開発した「漢字・仮名混じり文」の歴史

「五胡」が中原に入って、漢族を中原から追い出してから、すでに「表意文字」としての漢字・漢文体系は、欠陥だらけの認識・メディアであることが発見されている。まず言語と文字との乖離、そして師がいないと読めない。ことに古典はかなり現在とはちがっていて、注疏（注の注）などの注釈がないと読めない。意味不明として「一知半解」（知っているようで知らない）メディアであること、不便だらけであることを知っていた。ことに氐族（チベット系）の先秦国が華北の統一に失敗し、ウラル・アルタイ語系の匈奴・鮮卑（トルコ系）語族が台頭、隋・唐（皇帝がトルコ系）が統一帝国の主役になってからは、なおさらである。ただ漢字・漢文の使用は官界にとどまるので、民間でほとんど仏教や道教の信者以外、文字、漢文とは無縁だから、統治のメディアとして利用するにとどまっていた。

しかし十世紀の唐末になって日本が国字として仮名文字という「表音文字」を開発してから

というもの、唐帝国周辺諸族に一大国字、国風のブームが吹き荒れたのだ。東洋史の大家、宮崎市定は、「中世民族主義の興起」と説いている。各族各国の国字を拾ってみると、漢字系の文字は、渤海《ぼっかい》文字、契丹《きったん》文字、西夏文字などなどが創出され、インドのサンスクリット系表音文字などだけでも約六〇もの民族文字が創出されている。

漢字・漢文は、二十世紀の民国以後の国字・国語運動期になって、約三百前後の「標音字母」を開発してから、やっと読めるようになったほどだから、日本の仮名文字の創出が及ぼした歴史的貢献は、いくら評価しても不足を感じざるをえない。ことに音読と訓読などの読法、そして「和製漢語」の創出は漢字文化圏に新風を吹き込んだ。自然科学や社会科学の用語だけでなく、マスメディアから日常生活まで、「和製漢語」がなければ、ほとんど伝達は不可能とまで断言しても決して過言ではない。漢字の本家である中国は、それを「新辞」「新語」と称し、「字引」までだしている。中華人民共和国の「憲法」は七五％まで、「和製漢語」の「新辞」によって書かれている。

ことに日本の「漢字・仮名混じり文章体系」の創出については、私が史上最大の「発明」と称するのは、その歴史的貢献が甚大だからである。

というのは、表音文字は聴覚のメディア・システムであり、表意文字は視覚のシステムである。十世紀頃に日本の文字メディアの認識体系は、すでに三次元的、立体的な認識体系を確立していた。現代の視聴覚テレビ型人間の原型がすでに育まれ、まさに視聴覚にすぐれた和歌を詠む平安貴族などがその主役であった。すぐれた日本の文化・文明は、鎌倉時代に入ると日本仏教の熟成によって僧侶から信者へと普及、そして文武両道の武士階級へと広がって、世界一の文化レベルの日本人が育てられた。唐以後からの文化・文明を見るかぎり、日本文明は、すでに中華文明をはるかにのり越え、日本近代化の一因となったことについて見逃されていることが多い。

大中華からも小中華からも国自慢として、「日本に文化を教えた」という口撃がある。これに対し、日本人ことに自虐的日本人は、自信喪失から呼応合唱することが多い。

たしかに日本は四方八方から文化・文明を拒絶せずにうけ入れている。それこそオープン・システム型日本文明の真骨頂だ。日本は遣隋・遣唐使から多くの文物を入れても、日本は中央集権国家ではなく、多元的にして、多様多彩に富む地方分権国家だから、律令制もやがて消え去った。儒教がほとんど根をおろしていないことについては、津田左右吉《そうきち》博士が克明に指摘している。

中華文明については、司馬遼太郎が指摘しているように漢武帝の時代がピークである。以後は物質文明が消え、詩詞や書画しかのこっていない。それはじっさい宋以後の留学僧が見た中華文明の実態でもある。小中華も李朝時代に入ってから、原始時代のような物々交換の経済社会に先祖返りしたが、オープン・システムの性格をもつ日本は、四方八方から文化・文明を手に入れることによって、独自の島文明として発展をつづけていた。

鎌倉時代に入って、日本独自の日本（鎌倉）仏教が生まれ、近代になって、開国、維新で列強に伍《ご》した。四方八方から文化・文明をうけ入れた日本の歩みは、縄文・弥生時代から、栄枯盛衰なしに進んできている。

ハングルの創出がなぜ遅れたのか

十世紀の東アジアに起きた国字ブームでは、朝鮮半島と似た「歴史的運命」をもつベトナム（後の仏領三国）までが字喃《チュノム》を創出している。ただ例外だったのは朝鮮半島の諸王朝だった。約五百年後の李朝朝鮮の世宗《セジョン》の時代（在位一四一六〜五〇）になって、やっと国字のハングルを創出した。だが、やがて使用を禁止される。あるいはむずかしい漢字をさける婦女子の使用に限定したともいわれる。

世宗二五年（一四四三年）に、ハングル（訓民正音《くんみんせいおん》）二八文字を創出したが、両班の多くが使用に反対した。反対者の一人である崔万理《チェマルリ》は、「日本やモンゴル、チベットなどには独自の文字があるが、それは野蛮な地域だからだ。われわれが独自の文字をもったら、彼らと同様に野蛮人になってしまう。そのうえ、われわれは中国を宗主国として仰いでいるのだから、新しい文字をつくることは中国からしてみれば謀叛《むほん》であり、怒りを買う恐れがある」と述べている。

独自の文字をもつ＝野蛮というのが朝鮮人によく見られる屁理屈《へりくつ》である。むしろ謀叛のうたがいを恐れすぎた「自己規制」による「事大一心」が、真の理由ではないだろうか。

漢族・漢人は言語を共有することがなく、漢字を共有する複合的文化集団であることは、非漢族とはちがう特質である。越人の孫文、呉人の蔣介石、楚人の毛沢東など中国の歴史的政治家でさえ、中国語（北京語、普通語）ができなかったといえば、わかりやすいだろう。

たとえば日本の誇る中国の権威である石倉武四郎らが一九五四年に中国の国慶節《こっけいせつ》（毛沢東が一九四九年に中華人民共和国成立を宣言した十月一日を記念した祝日）の前夜祭の行事に参加した記録を読むと、毛沢東が何をしゃべっているのか、誰にもわからなかったそうだ。しかし毛は文も詩も詞も巧みで、文章だけで数億の人民を動かしたのである。ことほどさようにアジア全域では、ユーラシア大陸に比べて、比較的多言語社会だから、漢字を「常用」せざるをえない。だから近代的、西洋的な「学問」で、東アジアを語ろうとすると往々にして誤解する恐れがあるのである。

朝鮮半島では高句麗、百済、新羅の三国の時代ですら、言語は異なると論証されている。したがって中国のように朝鮮でも漢字を使用するのは、きわめて合理的であった。独自のハングルという国字を開発しても両班に人気がないのは、そうした理由からであった。

大中華以上の朱子学国家になると、両班と奴婢との階級差別はインドのカースト制以上である。というのはインドのカースト制は種族と宗教のちがいによる棲み分けにすぎないのに対して、朝鮮は直接の主奴関係としての家奴制度（家内奴隷）である。もちろん両班以上の階級ではないかぎり、奴婢や白丁だけでなく、常人でも文字とは無縁である。

両班は漢字・漢文の奴隷だったことについて、フランス人宣教師のダレは『朝鮮事情』に詳しく書いている。「漢文しか文として認めない」だけでなく、漢人ほど漢文に上達できなくても、「大国人の漢人となりたがる」のでハングルを知っていることを恥だと考えていた。両班しか利用しない「漢字・漢文」に我執し、国字の「ハングルの絶滅」に努力したほどだった。

一八七六年の江華島事件が起こり、朝鮮は開国する。開国後に国字「ハングル」への関心を高め、それを広げたのは、朝鮮の開化派と日本の志士たちである。日韓合邦後の学校教育では一時、漢字、ハングル混じり文がすすめられたが、ハングル文の歴史的蓄積が不足で使用は不可能に近かった。

「ハングル」ウリナラ自慢撃退記

韓国のウリナラ自慢の一つに、世界の文字の中で「ハングル」はいちばん合理的にして学びやすく、もっとも美しい文字だというものがある。

しかし結論からいうと「最低の、矛盾だらけで、もっとも酷《ひど》い文字だ」と断言するのは、はたして私一人だけだろうか。

昭和三十九年（一九六四）の東京オリンピックが終わってからまもなく、私の編集室（アジト）に「日本人に対し、外国人の漢字の名前や地名を日本語読みさせないようにしよう」と共闘を呼び掛けてくる韓国人牧師がいた。「台湾語のルビは近似音でしかふれないから、台湾語ではなく北京語にされる恐れがある」と、いくら説明しても聞く耳をもたない。自己主張ばかりで、「今度あいつがまたきたら、ドアを開けるな」と、いくら仲間に注意しても一年近くつきまとわれたことがある。じつにしつこいヤツだったが、私も根負けはしなかった。

また、ある韓国の文化人が、「ハングルは世界一美しい文字」と自画自賛し、あまりにもウリナラ自慢の度がすぎた。そこでハングルの書道なんて今まで見たことがない私は、友人である高名な書道家に「ハングルの美」について確認したことがある。ところが彼も、そんな書を見たことも耳にしたこともない。そして自分の審美感からすれば、漢字以上にひらがなのほうが美しいという。

私は漢字をモデルにあの○《まる》と横と縦の線ばかり、きゅうきゅうと四角形の框《かまち》（方塊《ほうかい》文字ともいわれている）内につめこむだけのハングルの造字法は、好きになれない。いくら美しいと吹聴されようとも醜いと感じてしまうので、敬遠させていただきたい。東施《とうし》が美女の西施《せいし》のひそみにならう（人まねをして物笑いの種になる意）ような気がする。

「ハングルはいかなる言語も表記できる」と吹聴する韓国の文化人には、では日本語の五十音中の「バビブベボなどの濁音をハングルで表記してみな」と言いたいところだ。しかしこれは韓人がパピプペポしか発音できないことを知ってのことだから、人の弱みにつけこんでのいやがらせだという誹《そし》りをうけるだろう。台湾語には、巻舌音も吸気音もないが、鼻音が多いので、表記法をめぐって、今日に至っても論議されている。したがって、「台湾語の鼻音と八声の表記をハングルで教えて」というと、たいてい韓国人は逃げてしまう。

ホラ吹きもいいかげんにしろとまでは言わなくても、「ハングル」について極端なまでのウリナラ自慢は、いったいどこからくるのかと、しばしば考えさせられる。

モンゴル文化と文字は突厥《とっけつ》人とウイグル人の文化と表音文字の流れをくむものであり、大モンゴル帝国になってから、チベット僧のパスパから各族用のパスパ文字をつくってもらって、諸族用の国際文字として広めた。

ハングル文字は、世宗大王の創作というよりもパスパ文字をパクった表音文字である。造字法としては、漢字をモデルに四角形の框内につめていくことになるから、ボキャブラリーがふえるにつれて、文字として世事の煩瑣《はんさ》な現象には対応できなくなる。両班がよってたかって、つぶした理由もここにある。欠陥だらけの文字だから、言語学者は韓人がいくら自画自賛しても、たいていただの表音記号としか見ていない。文字とまではみなしていないわけだ。台湾でいう漢字の読み方としての「注音字母」みたいなものである。戊戌維新失敗後、言語学者の王《おう》照《しょう》が日本に亡命して、「仮名をマネして、漢字の表音法とされた記号」と看破したこともある。

「言語と文字」は人間の性格形成に深い関係がある。漢字は、性格的には保守性と虚飾性をもつゆえに、たいてい大中華も小中華の人びとも、「保守的にして頑固」、しかも「ウソつき、ホラ吹き」が多い。学ある人が、無学の人よりも素朴性を失い、ウソつきホラ吹きになるのは、その文字の「専用」が根底にあるのだが、ハングルが「漢字」を代用できないことによって、起こった混乱も多い。

漢字はいったんつくられると、なかなか消えない。あたかも死人のように亡くなっても、なおも戸籍にのこっているようなものだと言語学者がよく語っている。

じつは中国にとって、朝鮮半島が南北とも漢字を全廃して、国字のハングルを専用することは、いい実験台であった。中国共産党では、建国前に国語をラテン語化、表音文字にする考えがあった。決して近代文学の父とされる魯迅だけではない。暫定的に簡体字を使用することも、三〇〇種類の表音記号からローマ字（ラテン語）のアルファベットを選んだのもそこにある。たしかに漢字は欠陥だらけ、問題だらけである。だが、異なる言語の人びととの絆として、漢字・漢文はそれなりの役割をなしてきている。しかも甲骨文字や始皇帝の文字統一など、歴史は長い。アルファベットのような文字を使用すると、やがて、それぞれ異なる言語からナショナリズムが起こり、漢文まで解体せざるをえなくなる。中国にとっては、朝鮮半島におけるハングルの使用、専用はまさしく大きな歴史の実験である。

見えてきたハングル世代の限界

「言語と文字」と文化風土からエートスとの関係について、前節で詳しく述べてきた。なぜ朝鮮半島がずっと漢字を使わざるをえなかったのか。戦後になって、なぜ南北とも漢字を全廃してハングルを専用するようになったのだろうか。

朝鮮、韓国のハングルについての言語とエートスとの関係について、尹泰林の『韓国人　その意識構造』（馬越徹・稲葉継雄 訳、高麗書林）は、次のように分析している。

「韓国語は事物を正確に表現するのに充分でない点が多い。名詞においても単数と複数の区別がはっきりせず、人称や数の区別もない。格に該当するものもなく、助詞（格助詞）で格を表している。また、ある状況を表す用語法としての否定法もない」

「韓国語は代名詞がない、関係代名詞は前出の語句をうけて、思考過程を漸次《ぜんじ》発展させる語法である」

したがって、「科学的表現には向かない」

「論理的、科学的思考能力の発達を阻害している」

「事物を客観化かつ対象化して理解しようとしない」

「客観的事実を直視し、自己の生活を反省する力に乏しく、無批判的に外来思想に追随する傾向がある」

「推理力に欠けている時、単に感性にのみ依存し、直感的技術に頼ろうとして、合理的に把握しようとする精神が欠如している」

尹氏がとりあげる小中華の言語についての性格は、大中華の思考様式とほとんど変わらない。それは漢字、漢文の使用に見られるメンタリティやエートスではないかと筆者は連想する。

漢文常用から生まれた性格について、前に「超保守性と虚飾性」をとりあげた以外には、漢字のシステム自体は「一知半解」の認識体系であり、注の注である「疏」がなければ読めない。

しかも後世の学者の注釈があまりにも多いので『孫子十家注』の十人の大家の注釈はそれほど多くはないが、『論語』となると、その注釈である「正義」といわれるものは数倍、数十倍どころではなく、いったいどの大家の注疏が正しいか、わからなくなる。国家権力によって「朱子注が正しい」と決めれば、権力による思想のコントロールになる。

もちろんそれだけではなく、時代が経つとともに、言語と文字が乖離して漢字の本家である中国人にとっては、漢字も外国語となる。すでに漢の時代に許慎《きょしん》が『説文解字』（紀元一〇〇年）という字源の解説と漢字の読み方の書を世にあらわしても、漢字をもって漢字を読むのはやはりむずかしい。師がいないと伝わらないので、やっと二〇世紀になって、国語・国字の文化運動が起こり、約三百の表意文字（字母ともよばれる）中から、台湾では、王照の開発した仮名に似ている「注音符号」といわれるもので漢字を読み、北京ではラテン文字のアルファベットで読むことになっている。

人類学者の梅棹《うめさお》忠夫教授はローマ字のアルファベットはただの文字そのもの、しかし漢字にはイデオロギーが含まれていると指摘したことがある。その一例として私がよくとりあげる「仁」の概念と意味については、教祖である〝孔子〟は『論語』の中で百回以上も語っているが、門生たちから先生がよくいう仁とはいったいどういう意味かと聞かれても、孔子はこう言ったり、ああ言ったりして、意味不明のままだ。後世の大学者が二千年以上にもわたって、「仁義」

について論争をつづけて、「仁学」という研究までできていても、なおも「見仁見智」それぞれの解釈にしたがうというのみにとどまり、水かけ論となっている。イギリスの思想家ムーアは「仁義」だけでなく「善・悪」についての議論でこう語っている。「善とは何かを解釈することはできない、無理やりに解釈・定義することが最大の誤りだ」と。

もちろん漢字、漢文の問題はそれだけではない。四角形の枠内に無理やりに点や横線、縦線をつめこむ結果、同義語や同意語が多すぎて、「一字多義」や「一字多音」が洪水のように氾《はん》濫《らん》して社会の混乱までもたらしている。

具体的な「一字多義」の例は、もっとも単純な数字の一だけでも見られる。諸橋轍次《もろはしてつじ》の『大漢和辞典』の一についての解釈は、二〇以上の意味があるほどだ。「一」についての解釈だけでもえんえんと七〇ページ以上四〇〇〇例ほどとりあげている。これほどあいまいな文章体系だから、国際法的には、漢文は条約からも排除されている。

朝鮮半島の南北とも漢字全廃、ハングル専用を決めてから、「言語と文字」の問題をめぐってどれほど社会の混乱をもたらしたか、韓国人社会の状況だけを見よう。

朝鮮・韓国語（ハングル）の中で、漢字の含有率は六〇～七〇%、統計数字は若干異なるが、大韓民国の憲法、公文書では九〇%にものぼる。そのうち「和製漢語」も近現代漢語の主流となっているので、漢字・漢文全廃の国にもある。

しかし、ハングル専用の結果、どうなっているのか。韓国社会にもたらす、「同音異義」語の氾濫が、社会に大きな混乱をもたらしている。ことに誤解と曲解が横行、韓国人は理性を失い、感情的になる一方である。もちろんナショナリズム的な国民意識を育て、反日には役立つが、韓国社会への弊害も多い。ことに数千年にもわたって、すべて漢字・漢文で記録されてきた歴史文化についての「正しい歴史文化の認識」は翻訳とも呼べるようなハングルへの転換によって、いっそう誤解と曲解を助長し、生活よりも政治優先の社会となる。過去、現在、未来に至るまで、はたしてそれでいいのか、もちろん朝鮮半島の小中華の人びとだけでなく、周辺の人びとまで再考せざるをえない。

近年の中国の経済的好景気にあおられて、「英語を世界の共通語とするのをやめて、中国語を使え」という声が、中華世界からも聞こえはじめている。大中華だけでなく小中華もたいてい追随するというビヘイビアがよく見られる。誰にとっても、決して納得のいく声ではない。もちろん周辺諸国からすれば、このようなウリナラの声を耳にすることは決して愉快ではない。

大中華も小中華もこの「言語と文字」問題で、過去だけでなく、現在から未来までも、さらに「生死存亡」に至るまで、難題、課題を多くかかえている。「文化・文明を教えた」など自慢話どころではないのである。

第六章

自然生態から見える朝鮮半島の真実

東亜農耕文明の自然生態史

東アジアの農耕の地は万里の長城を境に、南は農耕、北は牧畜、遊牧、狩猟・漁労の地として植生の境にもなる。しかし南が農耕の自然生態といっても、長江《ちょうこう》を境に南の地は稲作、北は雑穀作という、ちがいがある。同じ農耕文明の地でも、大陸の中国と島国の日本と半島の朝鮮は決して同様ではない。朝鮮半島も南北の差がある。

東アジアを全体的に見ても、日本列島は比較的森と水が豊かなところである。

黄河《こうが》文明は古代四大大河文明の一つとされていても、約一万年前前後とされる他の文明に遅れて、四捨五入してもやっと五千年。朝鮮半島も「歴史悠久」というウリナラ自慢をして、「半万年」と自賛したのだろうか。

そして、黄河文明はなぜ黄土高原というステップ（草原）の地をわざわざ選んだのだろうか。それは、黄河文明に先行する古代文明が南かどこかにあったか、あるいは、ユーラシア大陸の地は、すでに古代文明誕生の地として、ことごとく先行する諸文明の「好適の地」（なわばり）となっていたためだろう。現生人類の食物採取の集団移動から定住に至るまで、くらしに適地を選ぶことはもちろん、森と水が豊かな地が一大「適者生存」の条件となる。

中国の文人が中華文化・文明にいちばん欠落している「学」を発現したのは遅かった。仏教に遭遇した漢末や約二千年前には、自文化・文明を見つめることができなかった。やっと二十世紀に入ってから一九一九年の五・四運動の時代になって、「民主」（徳先生・デモクラシー）と「科学」（賽《さい》先生・サイエンス）を叫びはじめる。「民主」「科学」を叫ぶ一方で「打倒孔家店」（儒教打倒）も叫ばれた。文革時代のように「破《は》四《し》旧《きゅう》」と叫びながら、過激な行動にでるのはそれなりの理由もあったろう。

というのは、中華文明には「学」と記すものは、「四書五経」の注釈のみに限定され、科挙はそれをテキストにされているのみだった。マクロの視点から見ても、中国を知るのには、「人文」しかない。自然生態を知るのに「地文・水文」などの諸学は欠かせないにもかかわらず、中華文明には「自然」よりも「人為」しかないので、さまざまな環境問題などの課題が等閑視《とうかんし》（放っておかれること）されるわけだ。

黄河文明の限界は雑穀農耕という自然生態史的限界であるとともに地政学的な限界でもある。朝鮮半島が「中国の一部」と見なされるのは、黄河文明のサブ・システムとして、流民の吹きだまり場となり、「事大一心」から自律性を失い、黄河文明の興亡盛衰に連動しながら、律動・他律しかできないからである。

自然生態史から見た大中華と小中華の律動は、自律と他律という形できわめて連動的である。

孔子の作とされる『春秋』という歴史書は日本の「歴史年表」と似ており、「四書五経」の一つとして有名である。この『春秋』の続篇にあたる『資治通鑑《しじつがん》』は宋代に司馬光により完成した中国の「正史」である。その後に『続資治通鑑』、さらに『明通鑑』がある。『資治通鑑』の現代語訳者である柏楊《はくよう》氏によれば、「中国史には戦争のない年はない」そうだ。前述の梁啓超によれば、中国史の中で全国規模の戦争は約五分の三の年代にわたるのだ。

中国人の一生は平均五分の三を、戦乱の中で過ごしていることになる。秦の始皇帝が天下統一をする前の春秋戦国時代の歴史は、ほとんど一族の殺し合いである。社稷《しゃしょく》をコアとする貴族（宗族）の社会でありながらも、なぜ骨肉の争いが絶えないのであろうか。皇帝でさえ三人に一人は天寿を全うすることができなかった。

小中華は大中華以上に深刻である。

李朝以前の時代は、国王は二人に一人が殺され、李朝以後は宮廷から外にでても、朋党の争いが今日までつづいている。北の朝鮮でも金王朝が三代目まで王位継承に成功しているが、内実では骨肉の争いがいまだにつづいている。

ではなぜ大中華も小中華も骨肉の争いの文明となったのだろうか。私は大中華の地は草原地帯になるので、自然生態学的に、その文明盛衰の原理から切り離すことができないからだと思う。小中華も同じく、自然生態学的な宿命を負っているからだ。

たいてい農耕文明には、ことに灌漑《かんがい》農法は地力に対する過剰搾取により、土地をアルカリ化する「農産物漸減の法則」などの問題がある。水旱《すいかん》や豊凶を繰り返し、文明の没落、そして草原への退化や砂漠化はさけられない。それは決して中華文明だけにかぎらない。砂漠に埋もれる古代文明の遺跡はよくその宿命を物語っている。

古代の識者はすでに資源と人口の因縁・バランス関係を知っていた。たとえば始皇帝（秦王政《せい》）は天下を統一する前、『韓非子《かんぴし》』に「古代は人が少なく、物が多かった。今（戦国時代）は物が少なく、人が多い」という旨の理を読んでいたく感動し、この著者に会えば、死んでも惜しくはないと嘆いたほどだった。

漢が南方の楚をつぶしてから、漢の天下になった。当時の人はほとんどが黄河南岸に密集、汝南《じょなん》郡のように一キロ四方あたり七〇〇人を超える郡まであった。人口過密によって、山河が崩壊し、水害と旱魃《かんばつ》が繰り返し襲来した。社会環境も人口過密によって自然連鎖的に悪化した。記録では、一回の天災だけで流民が七〇万人以上でたこともある。漢末の天下崩壊後の人口を見るかぎりは、三国時代はたいてい漢の最盛期の一〇分の一か八分の一しか生きのこっていない。

『後漢書』や『三国志』を読むと、「白骨山積」「千里に人煙（炊煙《すいえん》）が見あたらないほど」という記述が多い。三国時代以後、「五胡十六国」、南北朝の時代を経てから、王朝の主役はすでに北方夷狄であるウラル・アルタイ系諸族となり、東アジアに新血を注ぎ込んでいる。隋・唐から清帝国に至るまで、千余年にもわたって、中華文明を再生、変貌させたのは、満蒙の連合王朝である。それが胡・漢を包摂《ほうせつ》して、東アジア文明を完結させたのだとみなされる。西風東漸と西力東来後は、農牧ではなく産業社会がとって代わっている。そこには「文明開化、殖産興業」がユーラシア大陸東方の波として波動しはじめるのだが、「近代化」とは何か、それを問い、その波動について考える人びとはいったいどれほどいたのだろうか。

自然生態史から見た東アジア世界の律動

中国の正史はたいてい「天命」をうけた天子たる皇帝を中心に歴史をつくる。それはあくまでも「官」の眼で歴史を視るものである。社会生態史、つまり「民」の歴史はたいてい諸史の「食貨志《しょっかし》」や「五行志《ごぎょうし》」か「災異志《さいいし》」となる。天と地との関係については、たとえば司馬遷《しばせん》の『史記』の「天官書《てんかんしょ》」をはじめ、「天文志」にも語られ、歴史の変動、王朝の興亡盛衰については、たいてい「徳」の盛衰として語られる。それらは現代語としては、たいていソフトウェアかソフトパワーに属する問題として、精神史に属するものだ。自然と人間の律動はほとんど無関心というよりも知らない。

自然生態といえば農牧などの生活史を中心に、植生をはじめ、地質、地勢、地形から土壌や水に至るまで、物理学や化学、生物学などとして研究され、自然科学として語られ、近代の学校教育にもテキストとしてとりあげられる。

黄河文明は、黄土高原というステップ地帯に生まれ、水害と旱魃を繰り返してきたわりには、南の長江流域に比べ、森と水が比較的貧しい地域である。文明が生まれてから、古典の記録では、森林伐採の記録はあっても植林の記録はない。近代科学の常識では考えられない大禹《たいう》（中国伝説上の皇帝）による治水は森林伐採で治められている。夏王朝を開いた伝説には疑問があるものの、中華世界では古代から今日に至ってもずっと水害と旱魃に悩まされつづけている。ステップ地域は、森林が伐採されると二次林の形成がむずかしく、草原まで退化して砂漠化が進むのが常識である。中華文明の最大の課題の一つは「水の問題」であり、今でもいわゆる「南水北調《なんすいほくちょう》」（長江の水を黄河に注ぐ）プロジェクトの可否をめぐって論争がつづいている。

司馬遼太郎は中国の森林消失について漢武帝が大量鉄製兵器をつくるための錬鉄用に、大量に森林を伐採した結果によると指摘している。のちの宋の時代から生活様式がかなり変わり、鉄鍋を大量に使用するので、木炭としてのエネルギーを消耗した。だから宋以後、中華世界は、南方でさえ禿山になってしまったのでは、と私は考える。

中華文明は、漢代の山河崩壊によって、漢末で衰亡したとも考えられる。やがて、北方のアルタイ系牧民が歴史の主役となり、隋唐文明として復活したものの、A・トインビーも「中華帝国幽霊の復活」と語っている。唐が衰亡してから、宋は中華の正統王朝として無理やりに「正史」として語られているが、北方では遼・金以外にも西北に西夏があり、新たな「三国時代」と見るのが歴史の真実である。

東亜世界のサブ・システムとして動く朝鮮半島は、高麗朝になって、荒唐無稽の檀君物語を開国の神話とし、牝熊から生まれた檀君王倹《おうけん》が朝鮮を開国・統治し、千八百余歳でやっと世を去ったことになっている。戦後ウリナラ自慢のシンボルである、古代四大文明の根は韓国にあるとか、人類の起源は朝鮮からなどと同様に荒唐無稽で、いかなる歴史的真実も、科学的根拠もない。

朝鮮半島の自然生態史を見ると、三南地方の水稲以外は、北へ行くと稲作をはじめとする雑穀作から狩猟に至るまで、まさしく東亜世界の縮図である。東亜世界への登場も、山東半島が春秋時代初頭、遼東半島が漢末から三国時代、朝鮮半島が隋煬帝の高句麗遠征からである。唐代になってから東洋の国際政治へ登場するのである。。

朝鮮半島の地学（地質・地勢）から森林・河川など農林の生態、および半島と東亜大陸の諸王朝との関係を見ても、そのサブ・システムとしてしか機能していない。朝鮮半島諸国・諸王朝と隋・唐・宋・元、そして明・清との関係を見ても、その力学関係とそのベクトルには他律しか見られず、自律の時代は今しかない。朝鮮半島の地学から自然生態史を見れば、なぜ「四夷八蛮」だけが中華世界の主になって、北方諸民族の中で朝鮮のいかなる王朝もそうはならず、英雄豪傑さえでてこなかったのか、その謎にアプローチできるのではと思われる。

李朝朝鮮はなぜ儒教国家になったのか

李朝朝鮮の李成桂《りせいけい》は軍事クーデターで高麗朝から政権を奪った開国の祖である。開国の初期には、儒・仏両派の争いがあり、儒者と僧侶とのはげしい激突があったが、もとは三国以来の千年にもわたる敬虔《けいけん》な仏教国家だった。高麗朝までの「科挙」には仏学（仏科）まであった。半島の伝統から見ても、なぜ李朝になると僧侶が負け、政界から追われ、李朝も明と同じく、儒教国家、正確に言えば、大中華以上に新儒教・朱子学国家になったのだろうか。

明への事大も考えられる。明の初代皇帝朱元璋《しゅげんしょう》から朝鮮という国名を下賜されても、国王ではなく、権知《けんち》（高麗王朝代理）の身分しか認められなかったので、やはり「事大一心」の朱子学国家にならざるをえないという事情もあったろう。

朝鮮半島史の真実を知るのには、ただ政治家の発言やらマスメディア関係者の「常識」に左右されずに、自然生態史から地質、河川、植生、さらに半島と大陸との力のベクトルに見られる律動を探るのが不可欠なのである。

朝鮮半島の地質は花崗岩《かこうがん》を基岩とする地域が四三％、花崗岩片麻岩《へんまがん》地域が四〇％を占めている。気候や地質上の自然原因から見ると、東亜大陸から流入してくる流民のあくなき地力に対する搾取、薪材の需要、それに数百年来にわたる旱魃と洪水による悪循環によって、いっそう山河と大地は荒廃していった。

地勢学的に見て、朝鮮半島は地形的には脊梁《せきりょう》山脈が縦走しているので、雨季はだいたい七、八月ごろで、台風の来襲も同時期に集中している。このため洪水と旱魃は交互に朝鮮半島を襲って、その自然生態史をつくってきた。平野が一夜にして湖沼と化してしまうこともたびたびであった。農事灌漑はたいていい腕力か天水に頼り、農業はきわめて原始的であるとともに不安定である。

朝鮮半島は李朝時代になると、地質学から見ても、植生から見ても、すでに山河が崩壊、エネルギー資源は道端の草しかのこっていなかったからである。山林は火田民《かでんみん》（焼き畑農民）に荒らされ、樹林が消え、山河が崩壊したのである。人流も物流も消えていく。それは貨幣からも市場からもはっきり読み取れる。朝鮮半島はすでに物々交換の原始社会へ先祖返りをしたのである。それが、儒教国家に変貌・変容した社会的条件となる。

また政治的には、「事大一心」を示すために、明の「皇帝」を神様として崇《あが》めた。さらに、骨肉の争いがよりはげしくなり、李朝初期に二度にわたる王子の乱だけでなく、開祖の李成桂まで幽閉され、宮廷から半島全域の朋党の争いにまで広がった。骨肉の争いはまさしく朝鮮半島の名物といえる。

李朝朝鮮はますます枯死国や「死者の国」とされた。両班は奴婢だけでなく、農民（常人）に対する搾取が強化、たいてい税金の三分の二が役人のポケットに入った。いわゆる「三政紊《さんせいびん》乱《らん》（田政＝地税、軍政＝兵役、還政＝国営高利貸制度という農民への収奪制度）」の地獄落ちだ。結果、国家破産にまで至っている。

水旱による飢饉《ききん》以外に朝鮮半島をよく襲うのは、疫病の大流行である。水旱は年中行事のように各地方を襲い、農民は乞食同然であるうえに、疫病にも襲われ、飢饉に疫病が大流行。朝鮮王朝の記録『仁祖《じんそ》実録』によれば、一六七一年の大飢饉では、墓を暴いて屍体の衣をはぎ取り、親は子を道端にすてたほどであった。朝鮮半島は十七世紀の中葉ごろから平均二・六年に一回の割合で疫病が大流行した。

趙洙の『19世紀韓国伝統社会の変貌と民衆意識』によれば、十七世紀中葉ごろから十九世紀の中葉ごろの間に年間一〇万人以上の死者をだした疫病の流行が二回もあった。一七四九年の全国大疫病では死者五〇万人以上とも記録されている。「民乱」や「倭乱」「胡乱」といった戦争以上に朝鮮半島の人命を奪ったのは、ほかならぬ、この疫病と大飢饉である。

骨肉の争いと朋党の争いに明けくれている間に、天民の生命は、飢饉や疫病におびただしくうばわれていくのは決して李朝朝鮮だけとはかぎらない。儒教国家は「徳」が生命以上に大事と思われ、中国では二十世紀に入っても一九二〇～二二年の西北大飢饉では一千万人もが餓死し、毛沢東による大躍進政策の挫折後では、数千万人が餓死している。歴史は繰り返すのである。

日本による朝鮮半島の治山治水

自然生態を変わらせるのはむずかしい。自然環境の限界もある。史例として、モンゴル大帝国の盛期もその一例である。フビライ・ハーンは金・宋まで征服し、高麗も手に入れた。はじめ中華世界から東亜世界に至るまで、モンゴル式の牧場に変えたかったが、契丹《きったん》人遼の流れをくむ耶律楚材《やりつそざい》の建言で取り止めた。というのは、農は牧よりも税金を取れる。カネになるので、農のままにした。大元の東亜支配は、大きな歴史貢献をのこしている。今日に至って、中国の政治制度、行省制などもモンゴル人が創設した制度であり、官の文化から民の文化を広げ、変えたのもモンゴル人の遺産である。

モンゴル人の高麗支配は、戦後の「日帝三十六年」といわれるよりも「蒙帝百年」のほうがきびしかった。国王まで変えられたのである。

台湾で蔣介石は、帝位相続まで来られたものの、二代目の蔣経国《しょうけいこく》で終わった。しかし北の朝鮮の金王朝は国王を三代目まで相続することにこぎつけた。それは昔なら「易姓革命（武力を盾に前王朝を簒奪《さんだつ》）」といえる。南の韓国では、李朝の復活はすでに上海臨時政府の時代からつぶされた。李承晩《りしょうばん》が初代大韓民国の大統領になったものの、結果的に、李王朝の後継者はアメリカ国籍をとらざるをえなかった。「国王を奪った」のは、日本ではなかった。南北両方とも、伝統の国王をみずから奪ったのである。

自然生態まで変えるのは、古くからむずかしい。しかし日本は、開国維新後に「文明開化、殖産興業」の新しい波にのって、日韓合邦以降、半島の治山・治水から、伝統的な農・林を変えた。一九四〇年代になって半島も物々交換の原始社会から一躍、近代の産業社会に入った。それは人類史の驚異の一つとも数えられる。東亜世界の歴史に現れた、いかなる帝国にもできなかったことだった。

李朝の時代には、地下資源まで列強に切り売りし、土地まで売っても、宮室の財産は百年以上も赤字がつづき、国家破産寸前であった。列強の中で朝鮮半島とはもっとも利害関係の深い露・清までが火中のクリを拾いたくないので、日本におしつけた。日韓双方とも賛否両論があっても「同君合邦国家」が日本化の潮流であり、日露戦争後、「東洋の永久平和」という大義名分のもとに、日本は半島で統監政治を行っている。

朝鮮半島全土面積のうち林野は七一％を占めている。しかし、そのうち、樹林の疎生《そせい》（まばらに生えている状態）地と散生地を含めた成林地は、わずか三分の一の約五四八万町歩であった。しかもこの成林地のうち六七％が交通不便な鴨緑江《おうりょくこう》や豆満江《とうまんこう》などに偏在しているだけでなく、過熟林という老齢林となっていた。針葉樹は虫食いがはげしく漸次枯死しつづけていた。山河が崩壊してしまった要因は、地質学的なものよりも人為的影響が大きい。

一八八五年十二月六日から八六年二月二十九日にかけてソウルから北部朝鮮を経て、ポシェートに至るまで徒歩で踏破したロシア軍人のペ・エム・ジェロトケヴィッチは、朝鮮について「どこまでいっても禿山と赤土ばかりで、草も全て燃料のために刈り取られている」「山地が痩《や》せて、昨年も沢山の餓死者が出た」「ここは退屈極まりない土地で、山は禿山、植生は殆ど見られない」「朝鮮人たちは土地が痩せていると不満を訴えている。樹木は殆ど皆無で燃料には藁《わら》と草が使われる」（『朝鮮旅行記』）などと記述している。

朝鮮半島の林野状況については、平安北道の一部を除けば、「日々の燃料さえ豊かならず、耕地付近の山岳は、被害を蒙らざるものなく、広さ数百町歩にわたり、枯木の林立したるをみる」というありさまであった。

しかし日韓合邦後、朝鮮総督府の治山治水から自然環境が一変、産業社会へと変わっていくのである。半島の治山治水にもっとも力を入れたのは初代総督の寺内正毅《まさたけ》海軍大将（のちの総理）だ。一九一五（大正四）年から二五（大正十四）年の一〇か年計画、予算五千万円で、具体的には、気象、水位、流量、改修築予定区域の実測調査まで着手した。日本は半島の木材資源を略奪しつくしたという非難もあるが、じっさい、それはまやかしのウソ。一九二五（大正十四）年の一年だけでも五五〇万円もの木材を海外から朝鮮に輸入している。搬出はほとんど不可能である。

明治四十年代から営林署設立をはじめ、森林保護令、幼齢林の育成、民有林の造林補助、病虫害駆除、森林組合への補助、林業試験場の整備、地方官庁職員の増員などを次々と断行した。総督府は、国有林を漸次民有林にしていき、一九三三年から四二年まで十年間で、砂防工事実施面積は一五万一〇二八ヘクタール、植栽本数は五億五九三万四千本、工事総額四二七四万三九九五円、工事人員は延べ五三八五万三九八七人にものぼっている。このおかげで例年の洪水は減少した。

各大河川流域調査、治水事業の成果として、五割三分の天水水田は三八％増、畑の水利も六二％増となり、合邦の年である一九一〇（明治四十三）年に八四三万七千町歩の水田は一九二八（昭和三）年ごろには、一六二三万町歩に倍増した。

次に、この治山治水事業にあたっては、李朝時代以来の使役制度を廃止して、労働者に日当を支払った。それは半島有史以来の破天荒な事業である。それはまさしく李朝からの奴隷解放であった。

日本時代に朝鮮半島で創出した特筆すべき事業は、水力発電というエネルギーである。水力発電を利用して、総合的な国土開発を行ったのである。まず金剛山からはじまり、赴戦江《ふせんこう》、長津江《ちょうしんこう》、虚川江《きょせんこう》などに水力発電所が設けられた。野口遵《したがう》という日本窒素肥料の大実業家は鴨緑江上流をせきとめ、日本国内にもなかった一七万キロワットという巨大発電所をつくった。

ことに鴨緑江水力発電所株式会社の水豊ダムは、満洲、朝鮮側がそれぞれ資本金五千万円の共同出資で開発した。高さ二〇メートル、出力七〇万キロワット、一九三七（昭和十二）年から着工、七年で完成した。

農牧国家から産業国家への道

近代に入って、列強に伍する国ぐにはたいてい産業国家で植民地を一つか二つもつのがステータスである。

日本は開国維新から約半世紀内で、日清戦争にも、日露戦争にも勝ち、列強にまで伍した。

「文明開化、殖産興業」の波を生みだし、台湾も朝鮮も満洲も一九四〇年代にはあいついで産業国家・社会に入った。この変化は戦後に日本が復活する下地となっただけでなく、やがてアジアNIES《ニーズ》（韓国、台湾、シンガポール、香港）まで生みだすことになる。

台湾、朝鮮、満洲、いずれも原始社会に近い地域で、なぜ一躍、産業社会に入ることができたのか。それは「文明開化、殖産興業」というソフトウェアとハードウェアに要約される近代化を日本が図ったからだろうと思うのは、はたして私一人だけだろうか。

前文で、山河崩壊後の「治山治水」が、いかにして自然生態を復活させ、伝統産業としての農業を近代産業として変えていったのか。さらに産業近代化が、いかに水力資源の創出に頼ってきたかを述べた。

朝鮮の人口増加と米穀収穫高の推移

人口	
1753年	約730万人
1850年	約750万人
1906年	約980万人
1912年	約1400万人
1938年	約2400万人
米穀収穫高	
1910年	約1000万石
1928年	約1700万石
1933年	約1900万石

近現代日本がはたしてきた歴史的な意義と国際貢献を知ることは欠かせない。

李朝時代の農民は、今のハングル世代が信じている、かつての「韓半島は世界一豊かな国だった」云々という空想妄想の世界どころではなかった。山野の火田民や都市の土幕民だけでなく、両班に収奪されつくした小作人に至るまで、じつに阿鼻叫喚の生き地獄であった。

その惨状は、「正史」にあたる『仁祖実録』によれば、「飢餓（飢饉）に疫病、人民はほとんど死に絶えた」という。じっさい農民は「切骨の病」「骨髄をはぐ」、「娘を支那人の密貿易商に一人当たり米一升で売る」という有り様だった。にもかかわらず、国王は「国民の半数が死んでいくのを放置しておく」という記録が李朝末期に多く見られた。

現代の韓国人学者やジャーナリストが主張するように、「もし日帝の支配がなければ超先進国になったはずだ」という話はまったく空想妄想である。

朝鮮半島は東亜最北の農耕地域であるとはいえ、気候からも、地勢、地質から見ても、自然生態的には農耕に不適であった。いかなる地域と比べても食糧生産力が弱いだけでなく、きわめて不安定であった。

朝鮮半島の農民だけでなく、アジアの農民はたいてい貧しい。ただ李朝の小作人は、人為的な理由で絶望的なだけだった。二十世紀に入って、日露戦争後の日本統監政治と朝鮮総督府の時代になると、朝鮮半島の人びとは自力で立ち上がることができないから、日本の半島改造論がブームになり、外からもかなり大きく期待された。半島改造は、科学的地形・地勢、ことに農地の調査からはじまった。

農地調査だけを見ても、日本はすでに四百年も前に太閤検地で可耕地を知り、税を課した。台湾につづき、朝鮮でも農地調査を行い、約半数前後の隠田が発覚した。これは税金逃れの農地である。中国はやっと二十世紀末（一九九六年）に全国の土地調査を完了、約四〇％の隠田を発覚した。もちろん朝鮮総督府の土地調査は、近代的土地所有権の確立となるし、土地改革、地租改正にもなる。地権の確立があってこそ、近代産業への資本の拠出が可能となる。

朝鮮小作人は主に米産農家で約八割が米穀であるが、国際市場がなかったので、日本以外はどこも買わない。国際競争力がまったくなかった。米作は豊作と凶作の年があって、輸出入の調整がきわめてむずかしい。朝鮮の稲作の生産性は、江戸時代で見れば日本との格差が大きく、単位面積で比べると日本の約三分の一、しかもきわめて不安定だった。

宇垣一成《うがきかずしげ》総督の朝鮮農山漁村振興運動は、江戸時代の上杉鷹山《ようざん》（米沢藩九代藩主）、二宮尊徳などの藩政改革やら世直し運動以上に、民族をも超える改革運動として知られている。土地改良、品種改良、耕法の改善、小作法の制定、低利融資、米穀生産奨励などから、農民の多角経営生産に至るほか、農民の労働嗜好《しこう》、自主自立、報恩感謝の三目標を同時に掲げ、自立、自治、自律、自励、「独立自尊」の精神にもとづいて、農村振興運動を推進。総督府をはじめ、各地

朝鮮婦人が川で洗濯をする光景（1930年代）

方官署、学校、金融、公企業団体などが日本内地並みの生活向上をおし進める社会建設運動であった。

朝鮮総督府時代は、朝鮮半島有史以来のもっとも安定した時代であったので、近代産業社会への転換が可能になった。というのは、朝鮮有史以来の名物である「骨肉の争いと朋党の争い」が半島から追われ、満洲かシベリアで「場外乱闘」になったからである。社会が安定しないかぎり近代経済の発展は考えられない。一九四一年の米価設定では、一石で五〇円となるのに対し、消費者価格は四三円にすえおきである。この差額は政府負担であった。四三年には、政府の標準買入価格は四四円、奨励金などを算入して一石当たり六二円五六銭にまで引き上げられた。だが、標準売り渡し価格は四三円であった。

戦後日本農家の逆ざや利益は、すでに戦前の朝鮮半島で推進されていた。

かつて朝鮮半島の小作人、小農は年々歳々、食糧不足と高利貸に悩まされ、しかも洪水、旱魃、飢饉、疫病に襲われつづけてきたが、朝鮮総督府の時代に入って、やっと超安定社会になり、人口も米産も倍増している。しかも産業社会へと変わっていったのだ。

第七章

儒教国家・李朝朝鮮の悲劇

李朝太祖の易姓革命（仏教をつぶした両班）

李朝朝鮮の太祖李成桂は、高麗朝の軍人実力者であるが、中国の五代十国時代の最後の王朝である北周の武人、趙匡胤《ちょうきょういん》（宋の初代星帝）の易姓革命とそっくりと感嘆するのははたして私一人だけだろうか。

宋は中華復興をめざして、科挙制度を全面施行して、シビリアン・コントロールによって武人をおさえ、仏教を排除して大中華を復活したのに対し、李朝も三国時代以来の仏教国家から儒教国家にし、大仏教文明圏に最後のとどめを刺して小中華になった。

趙一族は、沙陀系（トルコ系）武人の出身とされ、李成桂一族も北方のアルタイ・ツングース系、女真人の出身という説もある。趙一族は、武人たちをおさえるのには成功したものの、宋王朝は、太祖の弟太宗《たいそう》一族の王朝となり、太祖（趙匡胤）が亡くなってから太子系の閨閥《けいばつ》など一万人以上が太宗に粛清された。李朝朝鮮も、李一族以外の武人をつぶすのには成功したが、第一次王子の乱と第二次王子の乱を経て、太祖李成桂は逆に嫡子《ちゃくし》におさえられ、明の太祖から朝鮮の国名を下賜されたものの、国王までにはなれなかった。国王を下賜されたのは、後の子孫たちであり、太祖は幽閉されたまま亡くなった。

宋王朝の運命と李朝朝鮮も酷似していて、宋では南人と北人との係争が、李朝では三南地方と三北地方との対立があった。大中華、小中華を問わず、内ゲバが中華のさだめだろうか。

有力武人李成桂は軍事クーデターで高麗朝最後の幼い国王から政権を奪い、易姓革命を成し遂げた。王朝のはじめごろに儒・仏の力の対決があり、三国時代以来千年以上の仏教社会という文化風土にもかかわらず、なぜ李朝が崇儒斥仏に成功して、新儒教の朱子学国家になったのだろうか。李朝史を見るかぎり、それは誰それなど一個人の力ではなく、群れとして、数代を経て、長期にわたって、仏教がじょじょにつぶれていったのだ。歴代国王の意思決定以上にむしろ「社会の仕組み」からその因果、因縁を読むべきだと考える。

ことに東アジアの社会は、力がものをいうことが多い。モンゴル人が南方の明人に追われると、李成桂は、天下大勢を見きわめ、すぐ武力で易姓革命を遂げ、李朝朝鮮を建国したのも天下の大勢をよく知っていたからである。

李朝朝鮮が新儒教としての朱子学国家となったのは、「大義名分」という「詭弁」がなり立ち、易姓革命の大義が立つからである。

宋は科挙制度を全面的に施行した。科挙は隋、唐以来、貴族の勢力をおさえるために創設した文官登用制度である。宋はシビリアン・コントロールの確立に「科挙制度」を利用して、文人の独裁を確立したため、新興官僚はたいていい地主になり、貴族、武人は没落した。地主による中華世界から東亜世界（天下）支配は約千年後、中華人民共和国の樹立によって、成し遂げられる。地主は「人民」に粛清され、やがて共産党幹部は地主に代わって天下の支配権を握り、いわゆる「権貴《けんき》」の時代、赤い貴族の時代となった。

仏教は衆生済度など「平等」の思想があるので、李朝の両班にとってはきわめて不利であり、敵対的でもある。両班の支配権確立には朱子学が不可欠であり、李朝朝鮮の「家奴制度」の確立のため、「崇儒斥仏」が李朝の国策となるのだ。

人類の精神史から見ると、古代にインド生まれの仏教が盛え、一時ユーラシア大陸の大半が大仏教文明圏となり、ユダヤ生まれのキリスト教は、ローマ帝国を弱体化させながら、ユーラシア大陸の西側の一角を文明圏として占めた。やがてアラブ生まれのイスラムが興起、中世の主流思想となった。高句麗出身の唐の武将、高仙芝《こうせんし》が玄宗皇帝時代に中央アジアの覇権をかけたタラス河畔の戦（七五一年）で、アッバース朝のイスラム軍に大敗したことは仏教文明の後退を象徴する事件となった。

宋・明は大中華の復活をめざす王朝として、科挙も儒教文明復活もそのシンボルの一つであった。朝鮮半島の歴史を見ると、民の生活史、衣・食・住ともモンゴル人からの影響が大きい。それはモンゴル人の大元王朝の百年にもわたる半島支配の遺産の一つとして考えられる。

李朝朝鮮は、宋に学び、明のときに事大、小中華を確立して、「家奴制度」まで定着させたのは、「両班」の支配にとって「崇儒斥仏」が不可欠という精神（ソフトパワー）がベースとなるのを見逃してはならない。

「事大主義」のプラス面を考察する

朝鮮半島の歴史の中で、李朝朝鮮王朝は、小中華、事大主義を確立した王朝として、「統一新羅」や「高麗」朝とは異色の存在として見なされていることは、学者の間でも少なくない。高麗朝とのちがいもよく語られている。

たしかに「事大主義」については、李朝時代から定着、確立した祖訓として、日本的価値観からすれば、マイナス価値として語られることが少なくない。

しかし「事大主義」は朝鮮半島の生存法則・原理になり、「宿命」とまでいえるが、貶められるばかりのエートスではない。「利害損得」からいえば、利と得の面もある。日本でも「寄らば大樹の陰」という諺があるように、決して小中華の人びとだけの祖訓やビヘイビアではない。大勢順応や追随はむしろ世界のどこにでもある生存の智恵ともいえなくもない。

日本人も決してすべてが「判官びいき」ではないように。

小中華の人びとは、日本人のような「玉砕」よりも「事大」を選び、大中華に屈して、その天子から「お墨付き」をいただき、国王を下賜してもらったほうが「得」だと考えているのである。

お家芸のパクリも生活の智恵としては省力化にすぎず、別にオリジナルだけが誇りとなるのではない。文化、文明の諸学や科学技術などは時間をかけ、研究、実験をかさねるよりも、「パクリ」や「盗み」のほうが得である。むしろ、そのほうが「頭がよい」と思う大中華・小中華の文人や学者が少なくない。

「事大一心」もうまくすれば、得だらけのこともある。だから、小が大に仕えることは、「家奴国家」の現実からすれば、「祖訓」の墨守《ぼくしゅ》よりも死守せねばならないことでもある。じっさい「歴史の教訓」になっていることも数かぎりない。

「倭乱」つまり秀吉の「朝鮮出兵」のとき、民衆は兵乱に便乗して掠奪を働き、奴婢などは「解放軍」として身分台帳のある掌隷院《チャンネウォン》に放火して記録を焼き捨てた。げんに『宣祖実録《せんそ》』には「人心怨叛し、倭と同心」と認め、第一四代の宣祖《せんそ》が「賊兵の数、半ばは我国人というが、然るか」と尋ねたと記載されている。

また、当時の文官・金誠一《きんせいいち》の記録『鶴峰集』にも「倭奴幾ばくもなし、半ばは叛民」とあり、秀吉軍の半数がじつは朝鮮民衆だというのである。したがって、李朝朝鮮時代の宮殿である昌徳宮《しょうとくきゅう》・昌慶宮《しょうけいきゅう》も秀吉軍ではなく朝鮮の民衆の手によって火をかけられたのである。

一方、国王、王子は逃げ隠れ、役人も逃亡、「三十六計逃げるに如かず」という状態であった。このとき、明が大軍を派遣して救援に出たので、朝鮮の国王や両班にとっては、生命の恩人であった。事大主義が「国難」を救った例である。

もっとも明にとってはこれが滅亡の要因となり、じっさい半世紀後には大清にとって代わられたのであるが。

李朝朝鮮王朝は事大主義が生存に欠かせない法則や原理であり、プラスの価値、得だらけだから、「事大一心」が祖訓にもなる。だからいくら屈辱であっても「事大一心」で、大明がだめなら大清へと、牛から馬へのりかえるようなものである。

欧州列強時代になって、大清は没落の一途をたどった。アヘン戦争（一八四〇〜四二）で西夷《せいい》（イギリス）に敗れただけでなく、日清戦争で東夷（日本）にまで敗れた。戦争のたびに必敗がさけられないのは、没落のシンボルとなる。

李朝朝鮮は国際環境激変の中で、露・清、英・米のどちらに事大するかのどっちが得か迷うのも当然だった。日本は列強からの無理おしで朝鮮半島という「火中の栗」を拾わざるをえなかったのに対し、大韓帝国はそのおかげで植物依存の国からうまく産業国家となれたのだから、そうとう得をした。

日本の敗北とともに戦後になって、日米欧以外はイデオロギーをめぐって内戦、軍事クーデターに明け暮れた。世界は東西冷戦に入っていくだけでなく、南北の格差問題でも争いつづけた。

戦後、朝鮮半島は南北に分けて、それぞれ国づくりに夢中になったことについては、私は朝鮮半島史上、もっともよき時代と思われるが、体制の選択という人類史上の実験に「優劣」を決めるべきでない。南は日米に事大、日米におんぶにだっこでＯＥＣＤ（経済協力開発機構）にも入っている。北は中露に事大、李朝の延長として、金王国は三代までつづき、先軍政治（すべてにおいて軍事を優先させる思想）から東洋の文化風土を守りつづけている。朝鮮半島史を見るのには、この「事大主義」が欠かせないのである。

なぜ韓国は「超先進国」の可能性がゼロなのか

「世界一」「超先進国」は、韓国人の好みというよりも口グセだろう。しかし私は韓国が「超先進国」になる可能性はかぎりなくゼロに近いと思っている。私は何も韓国にもっぱら冷や水をぶっかけるわけではないが、「漢江の奇跡」はたしかに「奇跡」というのにふさわしいが、日韓合邦時に原始社会から産業社会に入ったことに関して「〜奇跡」という声があがらないことや、当時の学術研究があまりにも遅れていることに関しては大いに不満である。

ではなぜ韓国が超先進国になるのが「絶対不可能」なのか。これは李朝社会の諸条件を、最低でも産業資本や技術、さらに近代化の経済的諸条件を徹底分析しなければならない。

近代人は、ダーウィンの「進化論」という「生物学」や、またさまざまな「社会発展段階論」などの影響を強くうけ、社会の「進歩発展」が「常識」とされる人が多い。

しかし、李朝朝鮮の時代になると、地質学や自然生態学から見ても、すでに山河が崩壊、自然も社会も連鎖的に劣化の悪循環を繰り広げ、朝鮮半島はすでに物々交換の原始社会へと先祖返りしていることは、すでに述べた。

まずエネルギー資源といえば、道端の枯草しかなく、自然は退化、大都市さえ市場がなく、あるのは定期的な「市」のみで、物流も褓負商《ほふしょう》(行商人)に頼るしかなかった。都でさえ土幕民があふれ、「マヤ帝国みたい」というたとえ話でさえ誉めすぎのきらいがある。首都のソウルでさえ、阿鼻叫喚の地獄だった。「技術」はと言えば、車の車輪をつくる曲げる技術さえない。白の服を着るのに、「清潔愛好」という説はまっかなウソで、染料さえないからだ。原始社会から一躍、超先進国になることは、ウリジナルの世界の空想妄想しかない話であろう。

かりに「技術」も「資本」も、十九世紀の大中華の「自強(洋務)運動」期のように、すべて先進国に任せても、それでも不可能なのは、物流と市場というベースが皆無だからである。

宗主国の清でさえ、あの手この手をはたしつくして自力で戊戌維新を成し遂げても、産業化どころではないから、まして属国の朝鮮をや。結果的に「日韓合邦」を待つ手しかない。

開国・維新後の日本が人類史にはたした歴史的貢献とは何かと問われたら、私は「資源小国から経済大国になるハウツウ（ノウハウ）システムの確立」をあげる。それは日本だけでなく、台湾でも朝鮮でも満洲でも成功したサンプルとして世界でも語られている。毛沢東でさえ、社会主義革命は満洲を手に入れさえすれば、それ以外の基地を失ってもかまわないと公言するぐらいだ。満洲はあの時代には中国の重工業、交通の九〇％の比率を占めていたから、大戦終結直後に再燃した国共内戦も満洲争奪からはじまる。

日本が開発したこの「ハウツウシステム」は具体的に「文明開化、殖産興業」の波として、拡散しつづけていく。それは戦前だけでなく、戦後も一つの知識と知恵の発信基地として、日本がユーラシア大陸の東方海上で発信しつづけている。もちろん「漢江の奇跡」もその戦後につづいている波の波及地の一つに数えられている。アジアＮＩＥＳまでそう語る。

「もし」という「仮説」とつきあうのは決してやぶさかではないが、「超先進国」までいかなくても、「近代化」やら「産業化」だけでも、人流、物流、市場、技術、資本、資源などなどから検証しないと、いかなるウリジナルも荒唐無稽の話とされてしまう。

「東洋最後の秘境」とみなされた朝鮮は、決して外だけが「秘境」とみなされたわけではない。日本の科学的国土調査があってから、はじめて「秘境」であることが内外ともに数字的に明らかにされ、土地だけでも半数は税逃れのために隠田とされていることが発覚した。地上資源も地下資源も明かされたのは国土調査の結果としてである。李朝宮室は百年前から財政赤字の借金づけで、国家破産している。それでも両班、士林が党争を繰り広げ、やまなかった。

社会が安定しないかぎり、近代経済の成立も不可能である。最低の社会条件はそこにある。「超先進国」やら「世界一」という話は、「常識」をベースにしてから語るべきではないだろうか。

なぜ朋党の争い＝内ゲバが李朝朝鮮の名物となったのか

なぜ大中華・小中華の国ぐには、「骨肉の争い」の国なのか。それは自然生態史と権力構造の仕組みから理解したほうがわかりやすい。「三国時代」以前の朝鮮半島は黄河文明圏内で、「有限な資源」をめぐって骨肉の争いがさけられない歴史と同様に、コップの中の嵐が吹き荒《すさ》んだ。

統一新羅の時代から高麗朝になるまでは、「骨肉の争い」は、たいてい宮廷内にとどまっている。「骨肉の争い」や「朋党の争い」が両班や士林の世界まで繰り広げられるようになったのは、李朝時代に「崇儒斥仏」の儒教的国家になってからである。仏教国家と儒教国家とのちがいは、「朋党の争い」という権力構造の変化にも見られる。

儒教的性格というのは、「絶対無謬」の自信過剰になりやすいので、「華夷の分」や「大義名分」にこだわり、党派になりやすい。儒教の派閥を見ると、孔子の編とされる『春秋』についての注釈だけで「三伝」と三派に分かれ、争いつづけた。戦国時代の『韓非子』によればすでに八派、漢の武帝時代に「国教化」されてからさらに渦を巻き、中華帝国史は、儒教徒のケンカ(内ゲバ)の歴史となり、こと最後の王朝とされる清代の末には、儒教の「朋党の争い」は、「大虐殺」の元にもなっている。

儒教国家は「大義名分」にこだわり、内戦が絶えない。ことに新儒教としての朱子学は、その主張の絶対性から排他的性格が強い。儒教の経典の一字一句の解釈のこだわり、たまに我田引水してこじつけ、世の中をすべて正邪善悪の価値観で計り、白か黒かをはっきりさせることにエネルギーを費やす。だから、朝鮮の文化人は国家と民族をすっかり忘れ、もっぱら空理空論の大言に心酔する。

李朝はその幕開けから宮廷内部で第一王子の乱から第二王子の乱、さらに李朝宮廷の熾烈《しれつ》な骨肉の争いがえんえんと続き、内ゲバは李朝の名物となった。

戊午《ぼご》、甲子《こうし》、己卯《きぼう》、乙巳《いっし》といった四大士禍《しか》(両班、士林派などの朋党の争い)をはじめ、骨肉や朋党の争いがえんえんとつづく。時代別に見ると、

一四五〇年代半ば　第六代端宗を第七代世祖が排除した「世祖の乱」

一四〇〇年代末期〜一五〇〇年代初頭　第一〇代燕山君による「戊午士禍」「甲子士禍」
一五一九年　第一一代中宗の時代の「己卯士禍」
一五四五年　第一三代明宗の時代の官僚弾圧「乙巳士禍」

儒教社会は、「人治＝徳治」を支配学理とするから、その「徳」とは何かをめぐっては、神学論争を繰り広げることになる。「正しい」か「正しくない」か、「認める」か「認めない」のはてしない大論争を両班が党派を組んで、侃々諤々《かんかんがくがく》論議する。しかも最終的には、その解釈権がだいたい権力者側に握られているから、その大論争の行方は学問的というよりも、空疎なる主張の喚《わめ》き合いとなり、そのあとには、大抗争や大弾圧が待っている。

李朝史には、一人の王妃が死んだとき、その服喪を一年間とするか三年間とするかをめぐって、天下国家を論ずる儒学者がなんとえんえんと十数年の歳月をかけて大論争をしたことまである。しかも第一次、第二次「礼論」を繰り返した。朋党の争いも二派から四派、そして分裂と再分裂、二十数派まで再々分裂が続いた。

朋党の争いは、親子、兄弟、奴婢に至るまで、目には目を、血には血をと、容赦ない。敗れた一族郎党を待ちうけているのは、滅族、凌遅《りょうち》（生きたまま肉を切り落とす刑）、絞首、斬首、賜死、服毒、流刑、隠居であった。

朝鮮半島の名物としての朋党、骨肉の争いという内ゲバに、十九世紀末になって、衛正斥邪の事大派と開化独立派の争いや一八九四年の東学党の乱（甲午《こうご》農民戦争ともいう。東学党は李朝末期の民衆宗教）の内ゲバ、さらに義軍運動や反日運動諸団体の内ゲバなど、際限なく展開されていった。「反日」運動にしても日本人に殺された人よりも「韓奸（売国奴）」といわれて殺された韓国人の犠牲者のほうが一〇倍も多かった。いわゆる「日帝三十六年」の反日運動は、むしろ韓国人の殺し合いという内ゲバが史実だ。

今でも南の韓国でも北の朝鮮でも名物としての骨肉の争いと朋党の争いが李朝時代よりもいっそう熾烈につづいている。反日運動推進者たちの間でも、反日利権をめぐって死闘がつづいているのだ。

また、内ゲバは朝鮮半島の文化風土とみなされることが多いが、風土というよりも民族性と見るのがむしろ正しい。それは朝鮮半島という特定の空間だけではなく、日帝時代の半島以外の場外乱闘もあったし、李朝時代の両班、士林にかぎらず、「性奴隷」としての貢女や宦官の世界にもつねにあったことだ。たとえば、高麗朝時代における大元王朝で権力をふるった高麗宦官の高麗国王との争い、明・永楽帝時代の貢女・権賢妃の毒殺をめぐる朝鮮貢女の内ゲバ、韓国大統領の悲劇などからも、朋党の争いは、超時間的・超空間的な人間関係のものと知ることができる。

なぜ李朝は宗教弾圧をするのか

李朝朝鮮時代の特異性として朱子学を国教にしたことは何度も述べたが、文化面、ソフトウェアの面では、徹底的に宗教弾圧、絶滅政策を断行したことがあった。そのもっとも象徴的なのは、「崇儒斥仏」という国策と、李朝末に見られるカソリック教徒弾圧の「教獄《きょうごく》」などの政策である。

儒教文化は性格的には、「独尊」しないと存立はできず、体質的には反宗教的、排地的である。漢の武帝は儒教を採用したさい、「百家」を排斥してからやっと国家権力の保護下、表向きには国教のような存在としたが、じっさいには「陽儒陰法」「外儒内法」と建前だけの「儒教国家」だった。現実的には、法が欠ければ、体制としては成り立たない。儒教はマルクス主義と同じく、反宗教的色彩が強い。「宗教は人民のアヘン」「宗教は毒だ」という考えも同じだから、孔子でさえ「鬼神を敬してこれを遠ざく」と「怪力乱神を語らず」という世俗的な思想だったからである。

李朝は明から国名を下賜され、明を宗主国とする以上、儒教を国教にしなければならなかったのであるが、千年以上もの仏教国家から儒教国家に変えるのは、容易ではなかった。李朝初期には、儒・仏諸勢力の対立がさけられなかったのは言うまでもない。いかんせん、ユーラシア大陸の東半分は、漢の天下崩壊から約千年、大仏教文明圏として仏教が長期にわたって社会の主流意識となっていたからである。

第三代の太宗の時代になって、やっと宗派の併合、寺の絶滅、寺田をはじめとする寺院財産の没収、仏像仏具の兵器への改鋳、さらに寺院所有の奴婢を兵士やその家族とするなど、徹底的な排仏改策を強行した。全国の寺院数は八二寺にまで減らされ、一三宗派は七宗派に統合された。

また、度牒《どちょう》法（般若《はんにゃ》心経、金剛経を読める程度の学力をもつ者は、丁銭、布三〇匹を宮廷に納めることにより、度牒なる鑑札が宮廷から給せられ僧侶になれる）制度は廃止となったので、新たに僧侶となる道は閉ざされた。

四代、世宗の時代には、七宗派をさらに禅・教二宗に統合し寺院教を三六と規定し、僧侶数は禅宗一九七〇名、教宗一七五〇名と定め、寺院所有の奴婢はすべて国有と規定した。第八代成宗の時代になってからは、ほとんど僧侶は姿を消した。

かくして第一〇代燕山君《えんざんくん》の時代には、三国時代以来千年の仏教国家が消された。「小中華」になるためには、古来の伝統文化を絶滅させ、中国化を推進し、最高学府の成均館《せいきんかん》をはじめとする書院を設け、孔子を祀《まつ》る文廟《ぶんびょう》を建てるなどした。ソウルの文廟は田一万畝《せ》、奴婢三〇〇口をもっていた。

それ以外に『三国志演義』の関羽を祀る関帝廟、明の皇帝を祭る寺廟も各地に設けられた。しかしいくら朝鮮半島の中国化を強力にすすめても、いざというときに朱子学者が逃げ、名僧、高僧が現れると、また国情が変わってくる。たとえば文禄の役のさい、大寺院の名僧は義僧軍五千人を集めて倭軍に向かったので、仏教の勢力を盛り返した。しかし国家が安定してくると、朱子学者は再び復活、仏教弾圧をつづけていく。

一八代顕宗《けんそう》の時代に、良民の出家を禁じ、僧侶にも還俗《げんぞく》を強制するに至った。

伝統文化の絶滅は、朝鮮半島の人びとのメンタリティまで変え、それは決して李朝の「崇儒斥仏」にかぎるわけではない。今でも歴代大統領の粛清、金泳三《キムヨムサム》大統領の朝鮮総督府の建物爆破(一九九五年)などもある。

高句麗が滅ぼされたときに朝鮮の典籍はすべて灰に帰した。新羅王朝時代に、後百済の甄萱《けんけん》が亡国したさい、三国の記録(遺書)を全州《チョンジュ》に集め、それを焼いてしまったといわれる。朝鮮半島史を見るかぎり、半島の文化はほとんどが自爆か自焚《じふん》で消してしまったので、朝鮮の旧慣と古跡の保護については、むしろ日本人が熱心である。日本人の伝統文化愛好のメンタリティのおかげで、小中華・大中華の文化遺産は日本に残っている。これは文化に対する考え方のちがいからくるもので、あわせて対照的である。

李朝は十九世紀に入ってから、カソリック教徒への激しい弾圧をつづけた。たとえば一八〇一年の「辛酉《しんゆう》教獄」で、三百余名を処刑した。一八三九年の「己亥《きがい》教獄」ではアンベールら三人のフランス人宣教師をはじめ二百余人を処刑。一八四六年の「丙午《へいご》教獄」では、神父の金大建《きんだいけん》ら二十余人を処刑した。一八六六年の「丙寅《へいいん》教獄」ではベルヌー司教をはじめとする九人のフランス宣教師と約八千余人のカソリック教徒を処刑した。片野次雄の『李朝滅亡』（新潮社）によれば、この後の六年間、漢城府（ソウル）では千人以上のカソリック教徒が殺害され、全国では数万人の信徒が殺害もしくは収監された。

大中華の仏教弾圧には、「三武一宗《さんぶいっそう》」の破仏が有名で、宗教は毒かアヘンかと考えるのは、儒教も社会主義も変わりはない。そこには俗と聖との対立がある。小中華も大中華と同様、宗教は人民の敵と考えるよりも、両班や世俗的な権力者の敵と考えるからだろうか。

国家破産の李朝の存立をおしつけられた日本

李朝朝鮮五百余年の歴史の終焉《しゅうえん》を物語る「朝鮮の悲劇」を語る論著は多いが、なぜこの「悲劇」が「日韓合邦」まで至ったかという、より客観的な論著は比較的少ない。「朝鮮滅亡」はたしかに劇的にしてドラマにもなるが、朝鮮総督府がはたした歴史的な役割、意義、歴史貢献かずにはいられない。

朝鮮滅亡の理由について、「人」から見るのには本書で何度も紹介している梁啓超の説が参考になる。彼は、旧宗主国の清王朝の改革維新派の視点から、「朝鮮の亡国」「朝鮮哀詞五律二十四首」の詩歌以外に、「朝鮮の亡国史略」、「朝鮮滅亡の原因」、「日本併合朝鮮記」などの論著もある。亡国の原因について、李朝宮廷、政治、社会の三点になると説き、朝鮮を滅ぼしたのは朝鮮人自身で、日本が原因ではないとし、朝鮮は滅ぼされたのではなく、自滅だという。その元凶は大院君と高宗の二人であり、政治を操る閔妃も悪女として加え、三羽ガラスとした。亡国しない国の例は史上ほとんどないとまで譴責《けんせき》、国中で独立人格と自由意志をもつ者は貴族のみで、民衆に対しては禽獣畜生《きんじゅうちくしょう》のごとく扱い、搾取略奪した財産を自分の懐に入れ、私腹を肥やして殺し合う。事大一心だけで、天下の大勢はほとんど知らない。帰国した留学生が千人近くいても、ほとんど猟官運動に忙殺され、社会のことをほとんど顧みない。学校一つすらつくらず、本一冊さえ書かない。翻訳一つさえものにならないと罵倒している。

日韓合邦後には、隣国の人民さえ慟哭《どうこく》せざるをえないのに、朝鮮の高官たちは、いっそう新朝廷に阿諛追従《あゆついしょう》して、朝鮮社会は厚顔無恥、陰険悪辣な輩が多く、節操自愛するものが少ないので自滅と指摘するのである。「我国如何」という四字の文字を一九回にもわたって使っている。

政治、外交から、軍事、社会、文化に至るまで、梁は朝鮮王朝の自滅について、多くの同時代人の徹底分析をしていたが、一括して言えば、朝鮮人は上から下に至るまで、「事大一心」になって独立の意志はもうすでになくなっていた。要するに、清がだめなら、露でも、英米でも、倭豚でも、主人は誰でも喜んで家奴（奴婢）になりたがるのである。

一九一二年に上梓されたスウェーデンのジャーナリスト、アーソン・グレブストの『悲劇の朝鮮』にも、はっきりと朝鮮人は「亡国の運命に瀕した民族」という民族観を清人の梁啓超と同様に書かれている。「将来性がなく、中国人以上に散々な民族、一千年前に眠ったその場所にトグロを巻いているだけ」ということは、東西とも、日本人でさえ、もうこの連中はだめだと断じている。ところが日本人はあんがいと「思いやり」のある人びとが多く、「大きなお世話だ」とまでいわれても、「叩きなおしてやる」のは、「日韓合邦」の賛成論者たちだ。

個人としての人物や群れとしてのあの事大主義の「朝鮮人の自業自得」ではなく、「政治が悪い」という「教科書」的な見方なら、李朝末期、つまり十九世紀に入ると、いわゆる「勢道《せいどう》政治（政治を私物化した状態）期」というのがある。その一例として「三政紊乱《びんらん》」（田政《でんせい》、軍政、還政《かんせい》）が「朝鮮の悲劇」としてよく語られている。一言でいえば、農民に対する収奪の乱れである。

閔氏の時代には、一族から約二〇年間に、才能とは関係なく、約千人が起用され、国家の要職を独占していた。官職をカネで売り買いしていたのだ。李朝時代には、王の任命などをはじめ、政治、軍事に至るまですべて宗主国に一任していた、いわゆる「宗属関係」であったが、原則的には全国皆兵制度であり、農兵一致の軍役制度が行われた。だがその経済的基盤がなかっただけでなく、物々交換の原始社会に先祖返りした結果、すでに有名無実となっていた。

軍政の紊乱とは、農民たちは軍役から逃れるために、「軍布《ぐんぷ》」（壮丁一人につき布二匹を納める一種の人頭税）だけを供出して、代役を立てることになった。また土豪に身を託して軍役を免れる常人がふえ、貧しい農民の軍布負担が重くなり、弊害が広がっていった。こうして実質的には不正が多く、国家防衛軍が有名無実になってしまった。朝鮮兵は乞食同然だった。農民の貧窮化と逃亡は、逆に李朝滅亡の要因となった。

田政の紊乱とは次のようなものだった。李朝の国税の徴収は、田の肥痩《ひそう》に応じて、六等から九等に分けられていた。しかし、田税自体よりも付加税のほうがはるかに多く、各種名目をあわせて総計四三種にものぼっていた。農民の税負担が加重されていくのとは逆に、両班や土豪による免税田や隠田は増加しつづけていった。良民が買官買職の横行によって、両班に変身することさえあり、地方官吏との結託で税役負担から諸税を免れた。賄賂は李朝時代から今日に至っても、小中華の社会原理にもなっている。

還政の紊乱とは、還穀《かんこく》の貸付と収納過程で発生した不正である。還穀とは、本来郡ごとに利子なしで、穀物貸付を行う農政であった。しかし、それを取り巻く地方官の不正と着服により、高利貸し制に変わったため、農民生活を破綻にまで追い詰めた主因の一つともいわれる。農民に一両を貸し付けると、返却時には三両に利子三銭を付けて、三両三銭を徴収するという始末だったという。地方官は詐欺、賄賂、横領を含めたさまざまな方法で、農民から収奪し、東学党の乱という民乱の一因となったといわれている。

悪政に苦しむ農民が群れになって官庁を打ちこわし、両班の家を襲い、獄門を開いて囚人を解き放つ一方、租税、軍布、還穀帳簿を焼やして逃散《ちょうさん》してしまうという一揆と蜂起の繰り返しがつづいた。東学党の農民反乱はその結果であった。

列強だけでなく、露・清でさえ、李朝朝鮮をどうすればよいか万策もつき、「東洋の永久平和」という大義名分で、日本にその責任をおしつけた。新興日本がやむをえずに「火中のクリ」を拾ったことは前節で述べた。朝鮮総督府時代にやっとわかったのは、李朝の宮室の財政はすでに百年の赤字がつづき、土地も資源も列強に売りつくされていたことだった。「日韓合邦」までこぎつけても、「大韓帝国」とは名ばかりで、じっさいは国家破産。列強どころか露・清まで逃げ去っている。日本はこの物々交換の原始社会を産業国家につくりかえるためには、日本の首相候補までの大物を朝鮮経営の総督として送り、年に一五～二〇％までの産業投資をして、半島改造に全精魂を注いだのである。

第八章

本当は史上一番幸せだった「日帝三十六年」

東アジアに新興国・日本が発した近代化の意義

文明史から見るかぎり、「国のかたち」はさまざまあることについては、前にも述べている。近代「国民国家」という国の「かたち」の条件として、「政府、領土、国民、主権」は絶対不可欠であるが、それだけではない。台湾のようにすべての国家条件をそなえていても、中国から「われわれの絶対不可分の一部」と主張されるように隣国からの圧力があると、国際的な認知と承認も必要となる。日本の維新初期に遣欧米使節団がプロシアを訪れるさい、ビスマルク首相が「国際法だけでなく、軍事力も必要だ」とアドバイスしたことは有名である。

そして、かつて「国のかたち」との大きなちがいは、政府と国民との間には明確な（あるいは明文規定の）権利と義務があることである。

先述したように「歴史幾何学」的に見てユーラシア大陸の極西のイギリスと、極東の日本との近代国民国家の国づくりがきわめて対極的にして対照的である。

しかし、大きなちがいは、イギリスがフランスとの百年戦争後も大陸進出をつづけ、パックス・ブリタニカとして、一世を風靡《ふうび》したのに対し、日本のユーラシア大陸の東側への進出は挫折したまま、戦後、歴史問題など近隣諸国から内政までさまざまと容喙《ようかい》されるに至っていると

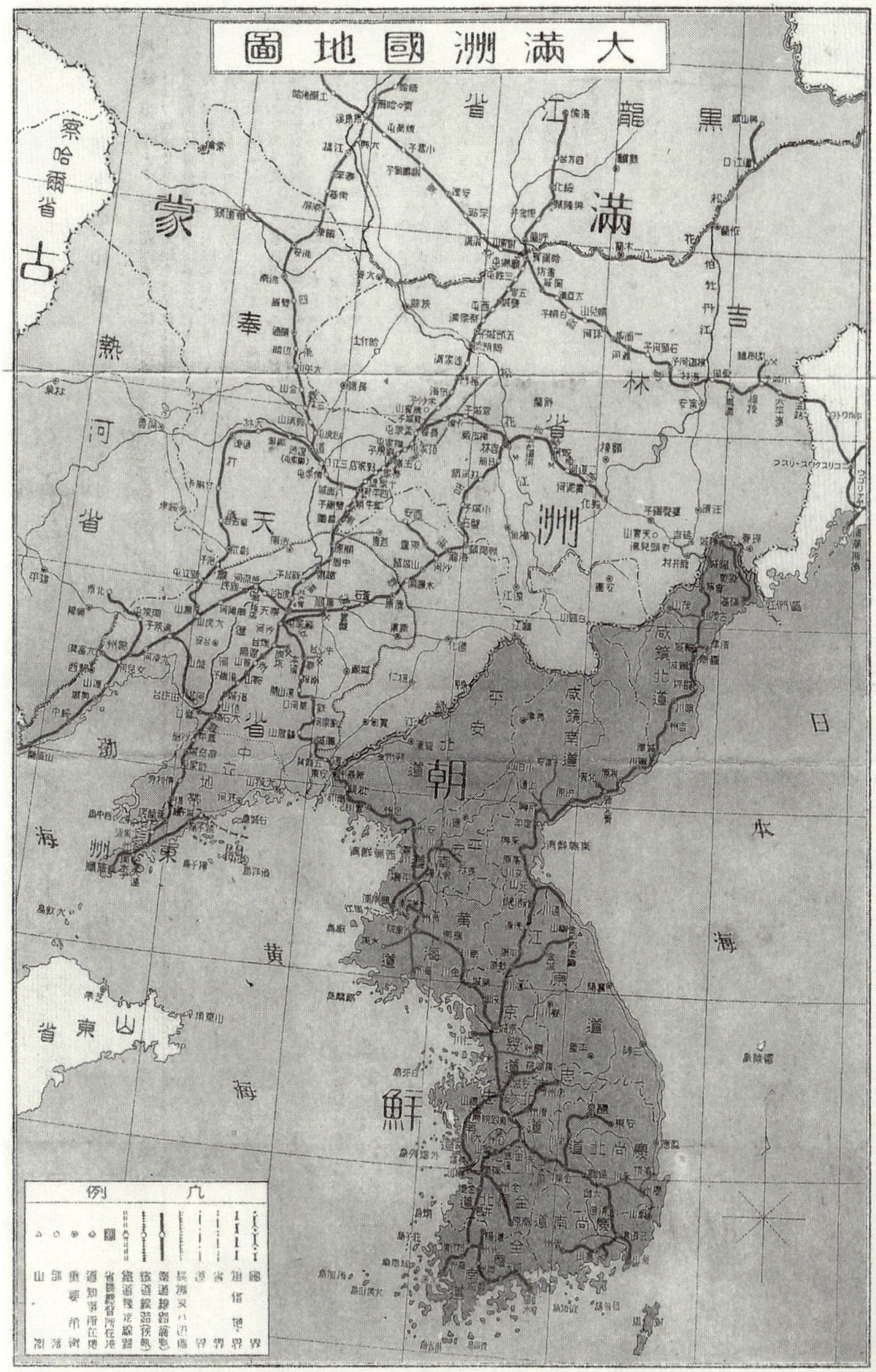

満洲と朝鮮を描いた地図

いうことではなかろうか。戦争での勝ち負けだけで、ここまでのちがいがあることを見逃してはならない。

日本も西洋の学者も「中華世界」や「東亜世界」は「易姓革命」によって、あたかも連続体のように「大帝国」がつづいてきたような錯覚をもつ。というよりも「幻想」をうけいれているが、それは、ただ「春秋大義」という史観をうけついだもので、『資治通鑑』の「史実に反する」説にすぎない。

西洋の歴史には、決して地中海域のローマ帝国だけが史上に現れたわけではない。神聖ローマ帝国もフランク王国も帝国としては、隋・唐から五代十国や北宋・南宋などと「国のかたち」も「規模」から見てもたいした差がない。西洋でなくても、東ローマ（ビザンチン）帝国もロシア帝国もイスラム諸帝国もある。帝国は西洋中心とはかぎらず、西洋から東洋に至るまで現れたのである。

もちろん産業革命と市民革命以後は「国のかたち」が変わり、それに農耕と牧畜・遊牧という生活条件のベースも変わったから「国のかたち」も変わったのである。

日本も開国・維新以後、今までの「国のかたち」は変わらざるをえなかった。社会のベースも変わらざるをえなかった。日本列島は大陸とはちがって、社会のベースは地方分権的だから、江戸幕藩体制ができたのである。だから日欧の封建体制などを比較してパラレル（同時進行）

的な理論や分析がある。明治維新を可能にした社会ベースはここにある。日本の社会はヨーロッパと類似するとしばしば指摘されているのだ。

いずれにせよ、近代日本の国づくりはイギリスと似ている。もちろん開国維新後には、福沢諭吉のように「脱亜論」もあり、同時代に樽井《たるい》藤吉の「大東合邦論」もあった。維新後の日本はイギリスの国づくりを学びながら、琉球、台湾、朝鮮の諸地、諸族を糾合《きゅうごう》して、大日本帝国にまで成長したのである。北清事変から日露戦争後にイギリスの後おしもあって、ついに列強に伍したのである。

ことに産業革命後、中世のイスラムが築き上げた国際秩序に代わり、西力東漸の列強時代は、国際秩序も国際力学も、じょじょに連動しつつあった。だから琉球や台湾、朝鮮のみの史観、史説で世界を語るのでは、いずれも歴史を正しく理解できない。農牧から産業社会をベースにする文化・文明の原理・原則がすべて変わっただけでなく、ハードウェア、ソフトウェアのベースも大々的に変わったからである。だから東洋・西洋だけでなく中洋に至るまで共有の価値観を求められる。それはダブル・スタンダードをさけるためにも必要だ。

日本の開国維新後、日本がつくった新しい波は、「文明開化・殖産興業」の新風として、日本の近代国民国家の国づくりへと成熟するにつれて、琉球、台湾、朝鮮、満洲、支那へと波動がつづく。もちろんさまざまな伝統を死守する文明との衝突もあったが、そこで見られる近現代史は、新興国としての日本から発する、産業化、近代化の波ととらえるべきであることを、真の歴史認識として見逃してはならないと考える。独断と偏見をさけるためには、独善的に「正しい」と称する「歴史認識」をおしつけないで、史観も史説も「自由」を許すべきだと大きな声で叫びたい。

「日帝三十六年」の七恩

文明史・国家史を見るかぎり、国家主権というものは近現代史の中で、じょじょに成立したものだ。「初の領土範囲の決定」とまでいわれる一六四八年のウエストファリア条約は、オランダがスペインからの独立、スイスの中立、ドイツ三十年戦争の終結などを正式に認めてはいた。ところが今の国際法の前身である万国公法は、日本帝国が列強と伍するまで日本・清朝・ペルシアさえも「半主の国」とされ、「自主の国」とまでは国際的に認知されていなかった。朝鮮はずっと中華歴代王朝の「千年属国」である。下関条約の第一条で、「清からの独立」を明文化されても、主権になると国際的には認知されていなかった。一九〇七年に起こった「ハーグ密使事件」は、高宗グループが保護条約である第二次日韓協約の破棄を狙い、ロシア皇帝の主唱するハーグ万国平和会議に密使を派遣して条約の無効を訴えたものだが、外交権のない朝鮮は会議への出席を拒否され、ロシア政府も直ちに日本に通報した。朝鮮統監の伊藤博文は「条約違反だ」と怒り、高宗がこんな卑怯な手を使うなら、正々堂々と宣戦布告してこいと通告するほどだった。高宗には「主権」の有無がどこにあるのか見えていなかった。あまりにも歴史に無知であったのだ。

国王を奪った云々は、すでに上海臨時政府の時代から行われていた。戦後、北の朝鮮人民民主主義共和国と、南の大韓民国両政府は国王の復辟《ふくへき》（退位した君主が再び位に就くこと）を認めず、日本保護下にあった李朝最後の皇太子であった李垠《りぎん》の帰国も認めなかった。帰国が認められたのは、朴正熙大統領のときであった。南北の政権とも戦後からだけではなく、すでに「合邦」時代から、李朝廃止が民意となり、すでに国王をないがしろにしていたのだ。

フランス市民革命でルイ十六世がギロチンにかけられ、ロシア革命後、皇帝《ツァー》ニコライ二世が血まつりにあげられたように李氏一族絶滅の運命にならなかったのは幸いである「日韓合邦」によって、王族、貴族が保護されたという史実を見逃してはいけない。

姓名・生命を奪われたというのも逆説だ。唐からの賜姓により、伝統的な姓氏をすてて、競って朴《パク》、李《リ》などを名のった。モンゴル人の大元時代には朝鮮（高麗）人は競って、モンゴル名を名のり、後には日本名を名のり、戦後は英名（クリスチャン名）を名乗った。これを私は朝鮮人の事大主義からの好みと見る。「生命や食料を奪った」という呻吟《しんぎん》も数字から見ると逆だ。

日帝時代に米穀生産も人口も倍増するのが史実である。

史実から見て、李朝末期には、「資源」はすでに列強に売りつくされていた。日帝時代には、たいてい地下資源は赤字だらけで、補助金に頼っている。地上資源も産業化されたことによって、朝鮮半島は一九四〇年代にすでに産業社会に入ることができたのだ。

国語を奪われたと言っても、韓（朝鮮）半島の日本語の普及率はたったの二〇％。日韓双語を活用可能にしたことが半島のエリート育成に大きく貢献したとさえいえる。李光洙の日本語論によれば、わずか二〇％の普及だけでも、「日本語は優秀な日本精神を包蔵しており、日本文化は今や世界文化を全部包摂しておる。だから、日本語を学ぶことは日本精神を学び、同時に世界文化の庫の鍵を握る」（「朝鮮半島の弟妹に与す」）ということになる。

土地を奪ったとは、真っ赤なウソであり、土地というものは、奪ったり与えたりするものではない。逆に日帝時代の土地調査により土地の権利関係が確定し、産業投資が可能となった。土地の交換価値と利用価値を飛躍的に高めたのである。

「日帝三十六年の七奪」という話を私が逆説と見るのは、朝鮮人固有の心性からである。

むしろ日本が近隣の朝鮮半島に及ぼした有史以来の歴史的貢献として、私は次の七大歴史貢献をあげたい。

①朝鮮を中華の千年属国から解放した。
②植物依存文明から産業社会化による朝鮮半島の国土改造と生態学的更生を達成した。
③優生学的医療・衛生・環境改善および教育の普及によって、国民の民力向上と近代民族の育成に貢献した。
④日本とともに世界へ雄飛させ、民族生活空間を地球規模へ拡大させた。
⑤伝統的階級制度を廃止し、奴隷を解放した。
⑥朝鮮伝統文化を保護し、保存と再生を行った。
⑦朝鮮半島の民力を超えた近代化社会を日本政府や企業による投資によって建設した。

以上の「七大貢献」は、ただ「日帝三十六年」の「七奪」に「七恩」「七布施」を逆説的に並べただけではない。いわゆる「日帝」三十六年や四十年などの説をよりマクロ的に全史をながめながら、「日韓合邦」時代を総括的にまとめた、私の史観と史説を説くものである。

日韓合邦の歴史意義と歴史貢献

当時の国際社会である欧米列強が承認していた「日韓合邦」については、戦後、一時タブー用語となって、日本のマス・メディアでは日本が無理やり吸収したという「韓国併合」が強調される時代が長かった。

では日韓合邦、あるいは朝鮮総督府の「日帝三十六年」や統監府も入れて「日帝四十年」の時代はいったいどういう時代かというと、繰り返すがはじめて中華帝国歴代王朝との「千年属国」の関係を断ち、近代社会に入り、史上もっとも安定した時代だったのである。

統一新羅の時代から、新羅軍は唐軍の支援（連合）を得て半島を統一したが、「宗属」関係は日清戦争に至るまでずっとつづくことになる。下関条約は第一条に「朝鮮の完全無欠の独立」とまで明文化された「宗属関係」を断つ国際条約である。

韓国では「宗属」ではなく「友好」関係と説くものもあるが、史実とはまったく逆である。「日韓合邦」については、日韓関係を建前とするが、韓国では戦後、主権や国王まで奪われた「日帝三十六年の七奪」を主張し、史上最悪の植民地支配、掠奪とも主張する。では史実としては、どうか。台湾、朝鮮、満洲まで日本帝国の三大植民地とする主張が戦後の主流になっても、史実とはまったく異なる。

たとえば台湾については、帝国議会でも「台湾は植民地か」をめぐるはげしい論争となり、終戦に至るまで法的には決まっていない。

ことに朝鮮については、帝国議会で憲法論争もなかっただけではなく、閣議も天皇の勅書にも「植民地」と記さなかった。それは同時代にもっとも流行っていた「日韓合邦国家」として、決められたのである。同時代には、オーストリア・ハンガリー帝国をはじめ、チェコ・スロバキアなど西欧から中南米に至るまで「合邦国家」が列強時代の「国のかたち」の主流になった。「日韓合邦」をめぐって、日韓双方はそれぞれの思惑や利害関係もふくめて「賛否両論」あったが、それは列強にもあった。「合邦」についての賛否は、表の建前の言説は別としてよく朝鮮事情を知っている、リアルな実務者はたいてい反対である。たとえば朝鮮統監をつとめた伊藤博文や曾禰《そね》荒助《あらすけ》らがその代表的な人物だ。これを「文治派」と「武断派」と分類するのは、賛成しかねる。反対派は朝鮮末期の事情をよく知り、すでに国家破産に直面していた「朝鮮」という火中の栗をひろいたくないからだとした。

しかし賛成派の代表的人物、たとえば初代朝鮮総督、後に首相になった寺内正毅《まさたけ》や山縣有朋らを「武断派」と見るのは、あくまで後知恵にすぎない。寺内のまず「治山治水」からという経営策を見ても、単なる軍人・武人出身の発想ではない。仏教思想の衆生の救済という理想的な信念で、日本の荷物ということを知りながらも、乞食同然の朝鮮人をどう救済するかを考えたからではないだろう。武人だから武断派と決めつけてはならない。

朝鮮の反対派は両班集団で、自分の利権を失いたくないからだ。常民（人）から奴婢に至るまでたいがい合邦を「解放」と見て、ことに東学党の流れをくむ一進会《いっしんかい》は推進派として、合邦に積極的であった。このことからも当時は、まだ一部の知識人以外にはナショナリズムもなく、宗教関係者は民族などを超えてコスモポリタン的な考えがあるから、大賛成であった。

列強からすれば朝鮮問題に「万策をつき」「東洋の永久平和」という大義名分で列強の新米である日本におしつけ、利害関係の強いロシア、清まで「日韓合邦」の推進者となったのではないだろうか。日本側も合韓反対の最後の止め手となる伊藤博文が安重根に暗殺され、列強からの圧力で「合邦」までこぎつけたのだろう。じっさい統監時代から日本は国家予算の平均年間約一五%から二〇%までの出費で朝鮮半島の衆生の生存を守りつづけていた。経済的にはたしかに大きなお荷物であることはまちがいなかったのである。

小中華の「反日」の限界

大中華も小中華も「反日国家」として、ことに戦後から「国策」として「反日」活動をすすめてきたが、長い歴史の歩みを見ると、一貫しての「反日」や「侮日」ではないことがわかる。「反日」までに至った長い歴史の歩みは中華思想からすれば、精神的、文化的に「脅威」か「それ以上の強敵」にもなったから、「反（アンチ）」になるわけである。もちろん「抗日」という意味はすでに「中華」の優越意識が消失、脅威に直面することが強くなったので「アンチ（抗）」

という必要性があると考えるべきだ。中華の意識をもつことから「抗日」「反日」に至るまでに、もちろん文化・文明の没落など長い過程も考えねばならない。

それを一括して語るなら、古代の「蔑日」から明の時代に至ると「倭寇」という海からの脅威もあるのだ。「恐日」の時代もあり、日本が開国・維新後に、日清戦争で上位にあると示してから、「師洋」である洋務（自強）運動が見られ、やがて「師倭（日）」にまでに変わる。一九一一年に辛亥革命が支那大陸で起こり、二十世紀の中華民国時代から「抗日」の時代がつづく。

そして戦後は、「反日」となる歩みを見ると、力学関係だけでなく、中華思想にも変化が見られる。小中華は大中華と連動しながらも、日清・日露戦争後、「日韓合邦」という歴史の歩みから、小中華の思想的、精神史的変化については、ことに戦後に誤解、曲解されることが多い。東亜・東洋の歴史的、国際力学の変化がある。

時代によって、地域によって、それぞれの時代の主流意識があり、価値観も異なる。もちろん時代の限界もあるであろう。だから、歴史を戦後の目で見たり語ることは、タブーである。私は日本の学者が朝鮮半島史に驚くほど疎《うと》いことに驚く。

だから日帝時代がなぜ未曾有の超安定の時代になった理由は「反日」という観点だけでは見えてこない。それは、時代の社会条件も変化したことが歴史背景としてあるからだ。李朝社会の階級構造から常民（人）、奴婢が解放された階級として「よき現代」を迎えながら、ことごとく「順民」になり、「日帝」と手を結び、国民国家をつくって反日の支配階級だった両班らの反日活動に対して山狩りまでして、両班復活を阻止した。したがって、当時の朝鮮人の多くが抗日ではなく李朝復活を葬り去りたかったのである。

一九三〇年代に入ると、両班たちの反日運動は半島の中では支持を得られなくなり、中国、満洲、シベリアに逃れ、伝統的「朋党の争い」は場外乱闘として展開された。戦後まで内ゲバにより、闘士たちが互いを殺しつくした。ソ連と米国庇護下の金日成と李承晩は、建国の父となり、朝鮮戦争を経て南北の分断国家と、今でも乱闘を繰り広げているのである。

骨肉の争いも朝鮮半島の名物であり、半島から遠く離れた遠隔の異郷でも内ゲバのエートスはなくなることがない。朋党の「場外乱闘」の視点から「日帝」時代をふりかえれば、日帝は朝鮮民衆の夢を実現してきたといえるのである。

中韓が「親日」国になる可能性

大中華も小中華の「反日」も「国策」として、おし進められていることは、今まで各識者から指摘されている。しかし精神史から見れば、ことに中華思想としての「優越感」を満足させるために儒教国家としての「道徳」から言って、客観的に「優位に立つ」まで、私は「反日」を絶対やめられない、いや、やめないと言明する。

しかし、一国を親日か反日かで区切るのは、時代によっても世代によっても変わる。極端にいえば、一人ひとり違う価値観をもっているので、ひとくくりにするのは本来むずかしい。台湾は多文化、多言語の社会だから、華僑とみなされる中国人は「親日」ではないし、一般に反日国とみられる韓国も、世代によっても、人によってもかなりちがう。日本の「過去」と「現在」をよく知っている日本語世代は、決して「反日」ではない。「反日」とみなされるのは、特定のグループである。ことにハングル世代、ネット世代などは、「教育」や「マスコミ」の影響で反日であろう。

とはいえ、国策として「反日国家」を育てていくのには、じつは容易ではない。歴史条件と文化風土などの社会的条件に制約されるからだ。歴史を見ても、中国はいわゆる「八年抗戦」中にも、北方諸政権は、すべて「親日政権」であった。文革後の「改革開放」初期の胡耀邦《こようほう》党総書記などは近現代史の中でもっとも親日的国家指導者と見られる。毛沢東が中国について、「一窮二白《いっきゅうにはく》」（中国人民は一に貧しく、二に無知）と喝破したように民衆は「無知無学」だったので、一九九〇年代に入ってから、江沢民はそれに乗じて反日教育を国策とすることができたのである。じっさい総人口で約三十億前後になるインド、中国、台湾は世界の「三大無知国家」（国際市場研究機構「IPSOS」2016年調査公表データ）に選ばれたこともある。

小中華のほうは一九一〇年の日韓合邦後には、反日の主力は両班中心で、常民、奴婢などはむしろ日本に対し「順民」でさえあった。今では親日国家とみなされる台湾のほうが「難治」の民とされ、まったく逆だったのである。

台湾も戦後中国から流れてきた蔣介石・難民政権の統治下では大中華や小中華以上の「反日教育」を施したが、社会や家庭では反日教育のウソを修正するメカニズムがあったので逆に「親日国家」に変貌したのである。

たいてい中華の国ぐには「家天下」、マックス・ウェーバーの言葉でいうならば、「家産制国家」としての性格が強いので、表では礼賛しかない社会であっても、年代層別の分析では、まったく別となる。年齢層が若くなると、大中華も小中華も反日意識が強いのは、「反日」教育の結果と読み取れる。

しかし逆にいえば、中韓の「反日」から「親日」国家への脱皮は、一見突飛な逆転発想のように聞こえるが、決して「奇想天外」な発想や考えではないのである。

「反日」の理由についても、すべてが「歴史」にあるとはかぎらないからだ。

その一つとして、「近隣憎悪」や「近親相悪」という心理学的・精神学的理由も考えられ、史例からして時代によって変わることもしばしば見られる。たとえば、今でも中国は、二千余年前の戦国時代の「遠交近攻」の策をあいかわらずつづけているが、隣国のインドを敵にして、パキスタンを友好国にしている。太古以来の村と村のケンカで有名な「械闘《かいとう》」は九〇年代に入ってても江西省《こうせい》一省の一年だけをとっても三百回以上におよび、村の長老やら村の党書記を先頭に、重火器まで投入する決闘がつづいている。朝鮮半島は南北でも仲がよくはなかった。北では骨肉の争いはなおもつづいている。

一方、西洋を見ると、英・仏はかつて百年戦争があり、仲がよかった時代もあったが、今や英のブレグジット（ＥＵ離脱）をめぐり情勢が混沌《こんとん》としている。独・仏はプロシア時代から第二次世界大戦に至るまで、ずっとケンカをつづけているが、今ではＥＵで仲良し。北米のアメリカとカナダは長い国境をはさんでも戦争はしなかったが、逆に中・露は、国境をめぐって清の時代に対立、ネルチンスク条約などの条約が結ばれたが、中ソの蜜月の時代にも一九六九年の珍宝島（ダマンスキー島）をめぐるケンカがあった。

近隣の日本と韓国・朝鮮の長い歴史を見て、華帝千年、蒙帝（モンゴルの大元）百年であり、日帝は三十六年だけで、かりに「七奪」があっても、それが「千年の恨」になるのは、朴槿恵前大統領の誇張と見るべきである。小中華の歴史を見ると、ころころと変わるから、「反日」も決して「永遠」ではない。「永久不変」は中華的な大袈裟《げさ》なレトリックと見るべきだ。あまり歴史を知らない御仁もそういう主張をよくする。

たしかに小中華（大中華も）の「反日」は「近隣憎悪」という逃げられない宿命的な「地政学」的要因がある。もちろん宿命的なのは、決して「地政学」的要因だけではない。文化風土の因縁もある。小中華は「恨の文化」、大中華も「恨み辛み」の「怨と仇」の文化がある。日本にも「江戸の仇は長崎で討つ」という昔の「仇討」という掟もないではない。しかし周知のとおり「水に流す」という「美徳」もある。

私は原始神道の時代までさかのぼって、なぜ日本の「平安時代」と「江戸時代」は数百年にもわたって平和を保つことができたのか、その社会の仕組みについて解明しようとしている。神道の「共生」と仏教の「衆生済度」という精神史から生まれた「和」の仕組みがあったからだということにたどりついた。それが「儒教精神」をもつ国ぐにとちがうところではないかと悟ったのである。老荘思想は仏教・神道に近いだけでなく、和の精神に似ており、ヤマトイズムの国魂《くにみたま》と国風にも近い。「徳を以《もっ》て仇に報いる」のは、老子の道家の思想である。儒教思想は、「目には目を、歯には歯を」や、「仇討」を鼓吹するので、大中華と小中華の立国の精神にもなる。さらに、古儒教以上に新儒教は「天誅」、つまり「天に代わりて不義を討つ」という強烈な主観的道義に我執し、はげしい独善的道義にこだわり、きわめて排他的だ。だから日本人から見れば、排他的が「反日」にも映る。

ことに「事大一心」で、すべてを「他人のせい」にする小中華の人びとがよく激越な「反日」

のパフォーマンスを演出するのは、主にその「恨」の文化風土から生まれ育てられたエートスともいえる。

終戦当時の国家数は約六十余、現在ではすでに二〇〇近くになる。単純な数字から見ても、現在の主権をもつ独立国家は約三分の二がここ数十年の戦後生まれということがわかる。大中華と小中華の国とも戦後生まれである。近現代国家はたいていナショナリズムの洗礼をうけ、新興国の国づくりは、さまざまな難題・課題をかかえて、悪戦苦闘中だ。大中華も小中華もその例外ではない。大中華も小中華も「反日」というテコをもって、民力結集にてんやわんやである。反日をテコにした国づくりのために、「過去」の歴史を日本叩きのテーマとして選んでいると指摘する識者は少なくない。それも「常識」となっている。

しかし、時代によっては価値観まで変わることがよくある。現在の目で過去を見て語ることは、往々にして偏見がともないやすい。ことに中華の国ぐにはそういえる。

小中華はわざわざ「日帝三十六年」の「七奪」やら「強制連行」「性奴隷」を選んで、「反日」のお題目にするのは、歴史的時間のスパンと歴史的空間のスケールを広げるだけで、すでに自作自演のフィクションやファンタジーにすぎない。

しかもそれが日韓の共演となったことで、はじめて「反日劇場」に観客が入る。ただのサドとマゾ劇だと共演はやがて飽きられ、アンコールの声もまばら、客足が減っていく。マンネリズムになるとおもしろくないからだ。小中華の反日パフォーマンスもそれに似ているので、つねに新しいお題目を探しながら、韓流劇場を続演せざるをえない。「慰安婦像」の次は「徴用工」である。しかしそれはウソだとすでにバレている。その次はなにか。

大中華と小中華の「反日」のちがいについては、大中華が「計算」であるのに対し、小中華は「病気」に見える。しかし、小中華の「反日」はたいてい大中華からパクったものが多い。「事大主義」の小中華の「反日」をやめさせるのは、病気を治すしかないが、大中華をやめさせれば、小中華の芸もタネ切れになると私は断言する。

終章

中韓を自滅させる準備をせよ

朝鮮半島の過去・現在・未来をどう知る

朝鮮半島の過去から現在、そして未来を知るのは、「一衣帯水《いちいたいすい》」（非常に近いこと）といわれたところで、決して容易ではない。日本列島と朝鮮半島の関係の歴史は、すくなくとも支那大陸よりは長く、少なくとも約二千年前後、もっとさかのぼってそれ以上か。考古学やら人類学までの分野になるとそれ以上に長い（時間的スパンから）かもしれない。もちろん朝鮮史など「まったく知る必要もない」と思う読者も少なくなかろう。

朝鮮の歴史を知ることがむずかしいのは、朝鮮半島の人々が「ウソつき、ホラ吹き、裏切り」という心性や、いいかげんな民族性からだけではなく、記録やメディアとしての文字が「漢字専用」から「ハングル専用」というソフトウェアに大転換した結果である。

そのせいで、朝鮮においては過去と現在は断絶してしまい、ほとんどをハングルで訳さなければならない翻訳文化ということもある。さらにオリジナルの文化が少ないため、中華からのパクリが多く、今流行っているウリジナルを見ると、あまりに荒唐無稽の話も多いので、その真実をうかがい知ることは、なおさらむずかしい。朝鮮半島のことについては、「あたるも八卦《はっけ》、あたらぬも八卦」の占いのようである。

私見では、小中華史観と史説をさけ、自然生態史観からの人の流れのみに限定して考えるのがよい。朝鮮半島の過去については、流民の吹きだまりから、自然の山河崩壊と原始社会への先祖返りといった自然と社会環境の連鎖的悪化によって、再び人口流出に陥ったことが見えてくる。過去から未来へ向けて、半島の人口流出は「脱北者」や、「脱南者」だけでなく、これからもつづくことが予想できるのである。

ではなぜ小中華の「歴史」の「過去」を信用できないかといえば、小中華は堂々と「歴史を立て直す」、つまり歴史改竄《かいざん》（歴史修正主義）を公言しているからだ。「ハングル文字」による漢字の翻訳は信用できない。もちろん韓国の「古代四大文明の根は韓国にある」とか「人類発祥の地は朝鮮から」という説には、まったくいかなる根拠もないと断定できる。ステップ地帯の黄河文明史から類推して、高句麗など七世紀の三国時代になってから朝鮮半島は歴史舞台へ登場した。ただ四方八方から流民の流入・流出の地と推定するのは、ウリナラ自慢史とはまったく逆で、むしろ世界史からすれば、合理的だと考える。

大中華の歴史は、官定の（正統王朝）史観が主流であり、天朝、朝貢、冊封秩序によって、独自の天下秩序のシステムを構成している。「易姓革命」の史観と史論による、中華の「正統王朝」は、朝鮮王朝に比べ、たしかに「王朝」交替の頻繁度が異なる。たとえば唐以後の朝鮮半島は、天朝朝貢秩序体制に入っても統一新羅、高麗、李朝朝鮮の三王朝しかなかったのに、大中華のほうはより流動的であり、李朝は、大明と大清の二王朝との宗属関係に入るのがその史例である。大中華と小中華の「政治システム」はそれぞれ別の仕組みともいえる。

では文明史のみに限定して、大陸と半島との「政治的」連動関係をどう見るか。半島のみの文化・文明と、社会の仕組みなどを知るにはどうするべきか。過去から現在・未来まで正確に読み取るためには、もっと複眼的に見ることをおすすめしたい。もちろんここでいう「複眼」とは、昆虫の眼ではなく、より多元的な眼をもつことである。

大中華も小中華も「歴史」といいながらウソが多いのは、「歴史」と「神話」の区別をせずに、神話まで「擬人化」していることに起因する。日本の『古事記』や『日本書紀』のように「神代」と「人代」を区別しないのである。さらに「ウソ」とともに「捏造」「独断、偏見」が多いのは、「政治目的」だからである。

もちろん文字というメディアにも、表意文字としての「漢字・漢文」と「ハングル」という表音文字とのちがいがある。しかし、歴史記録は文字にかぎらず、人類学、言語学や分子医学的なＤＮＡの分析もある。

その史例として、台湾の先住民は言語学の研究から、これまでマレー・ポリネシア語系の人びとと似ており「南島諸族」や「語群」とされ、南の島々からやってきたという説が主流であったが、近年、台湾はマレー・ポリネシア系語群のホームグラウンドという見方が主流になりつつある。台南学園都市出土の縄文土器を生んだ先住民のＤＮＡ研究からも「歴史」や「民族」「種族」観までが変化しつつある。

柳田國男は、「歴史は英雄・豪傑中心の記述のみ、考古学は死人の骨や金・石を叩くだけ、精神文化はない」と批判、民話と祭りから独自の民俗学を創出している。

世の中の過去から未来までの流れを、ただ大局的に見るだけでは「森を見て、木を見ず」というおそれがある。木も見なければ、全体的な事情は見えても、極細まで見ることはできない。地面の虫の視線からも、空の鳥の目からの俯瞰《ふかん》でも、目で確認することが必要だ。

隣邦の小中華にどうすればいいのか

朝鮮半島は大陸とも日本列島とも長い関係をもっている。もちろん史前だけでなく、これからも、少なくとも地政学的因縁から、人流と物流において列島と半島との関係はつづいていく。どう「つきあっていく」かについては、福沢諭吉のように「アジアの悪友どもとの交遊謝絶」という意見も、同時代の「同文同種・同族・同州」というアイデンティティから「白禍の脅威」もあって大アジア主義の立場から「大東合邦論」まであった。もちろん、戦後にも「アジアサヨナラ論」があるので、それも「交遊謝絶」論の延長として考えられる。

戦前における日本の「朝鮮問題」の処理は決して「失敗」はしていなかった。朝鮮を物々交換の原始社会から一躍「産業社会」にしたことは、人類史から見ても、誇っていい歴史的意義・貢献である。それを知ることをまず日本人に私はおすすめしたい。

どう近隣の半島の過去、現在、未来までを知るべきか、私は序章から各章でも縷々《るる》述べてきた。それを知るためには、「歴史」だけではなく、より時間と空間をのばして、広げていくマクロ的な見方とミクロ的な見方が必要なことについても、詳しく書いてきた。

どう見る、どう知る、そして現在と未来までどうすればいいかについては、私は「どうつきあうか」などの卓説高見をすてて、そもそもつきあうかどうかから再考すべきだと思う。

朝鮮半島は四方八方からの流民の吹きだまり場であり、またそこから流出する地でもある。いわば「人種の博物館」と言ったほうがわかりやすい。というのは、四方八方から各種各系の流民の流入は、決して同時、つまり共時的、並時（パラレル）的ではなく、波がおしよせるように流されてきて、朝鮮半島の歴史的文化風土を構成している。

たとえば、済州島の人々の祖先がマレー系ということは、すでに定説になっている。李朝時代に続々と流れ込んくるツングース系などの扶余《ふよ》系の人びと＝「オランケ」といわれる流民は、北から南へ流れ、「楊水尺《ヤンスチョク》」と称され、女性はたいてい売春婦となる。韓系は氷期の残留組という説もあるが、私はむしろ黄河文明の最初の先住民である夏人と同系で、共通の祖先をもつ、南からやってきた越系の夷人系の水上生活者ではないかと推測する。

新羅については、古文書の記録によれば、「新羅は倭の属国」（『三国史記』「新羅本記」一一四五年）、新羅王の系譜は計三六代、始祖の朴赫居世《ぼくかくきょせい》は卵生。新羅王は、朴、昔、金の三姓があるが、四代目の昔脱解《せきだつかい》以降の昔氏、金氏の王はすべて倭人だったと書かれている。

なお二〇一一年に発見された、南朝・梁で作成された「梁職貢図」に、「新羅はあるときは、韓の、あるときは倭の属国となっていた」と記されている。

朝鮮半島は李朝第四代国王の世宗になるまで漢文を使用し、独自の文字創出と国風の強調が東洋諸国よりも五百年も遅れたという「文字学」から見ても、大中華と同じく、異人が多すぎて、表意文字の漢字、漢文がないと通交や交信がむずかしかったのだろう。その一方、中国は中華民国の時代、つまり二十世紀に入ってから共通の国語をつくったのに比べ、朝鮮半島のほうが、共通語が大中華よりも早く使用されたのは、半島というかぎられた文明空間の中で、中央集権体制が千年以上もつづいたからだとも考えられる。

では、大中華と比べ、なぜ小中華は大中華以上に骨肉の争いと、朋党の争いがより激しく、今日に至っても、南北が敵対をつづけているのかという理由については、それは半島という限定空間の中で、各種、各族が四方八方からおしよせてくるからである。

そこから生まれ育てられた、いがみあいの仕組み、宿命は恐ろしい。蒙帝百年、華帝千年の歴史的経験もあったのに、「日帝三十六年」だけの歴史的経験はなおも浅いという一言につきる。

対小中華の政略、政策、戦略戦術については、天下秩序のシステムに学ぶことになる。『孫子』や『呉子』の兵法でいえば、上策は「伐謀《さくぼう》」、「廟算《びょうさん》」、つまり深思熟考からどうすれば小中華に対処できるか、つきあうか対抗するか、どっちかに決めていく。

もちろん断交――福沢諭吉の「交遊謝絶」という激論もある。私はそのまま相手にしなければ、半島の南北だけでなく同党同族も有限な資源をめぐって、いがみあい、殺しあい、自滅するであろうと考える。

社会主義革命をめざす志士たちにレーニンが一〇万ドルを渡しただけで革命ゲリラたちが殺しあった。犬の群れに骨一本を投げ与えれば、犬が群がり、吠えつづけ、いがみあう、これである。日本も「敵を知り、己を知る」ことは重要であるが、すぐ叩くのではなく、朝鮮半島が勝手に自滅する骨（政策）を画策することをおすすめしたい。

私の小中華「三策」

戦後、ＧＨＱの「日本弱体化」政策は、「知る人ぞ知る」というよりも、日本を真に愛する者なら知りつくしているはずだ。

私が来日した東京オリンピックの時代は、学園紛争にあけくれ、春闘と秋闘の渦中に、大学生と院生を過ごした。同年代の方々には、同じ目で戦後日本を見ながら、日本社会の変遷とともに過ごされ、同感と共鳴のことも少なくなかろう。

日本人はアタマがよく、品格もよい、しかし敵にまわしたら、じつに怖い。GHQにとっては、「カミカゼ」に度肝を抜かれたという実体験も少なくないので、「なんとかして」日本人の「精神的自己崩壊」をさせるかが占領策の一大課題となった。日本人の心と魂を骨抜きにして、カカシにするのを課題とするわけである。

これに呼応するのが、社会主義革命をめざす人びとと国ぐにである。もちろん「反日日本人」も内外呼応しながら、教育、マスメディアから市民運動に至るまで、日本つぶしに躍起となる。これは戦後日本史をかざる物語として、私も半世紀以上にわたってその波にもまれてきている。

いかにして日本を取り戻すか、真に日本を心配する人びとにとっては一大課題である。戦後日本は内外からのバッシングに悩まされてきたのは、たしかである。決して袋叩きではないことも確実だ。ネット世代が反日の中華の国ぐにを「特亜」と称するのは、「世界常識」として、決してまちがいではない。若いネット世代はそれ以外の世代よりも「世界常識」をもっていることを私も称賛したい心持ちだ。

戦後日本は、ずっと小中華、ことに南の韓国に悩まされつづけてきたのはたしかである。日本にとっては厄介な隣人にはちがいない。では日本はこの厄介な隣人にいったいどう向かいあえばいいのかについて、「己を知る」以外には「彼を知る」ことも必要と思う。

私は私なりの小中華「三策」がある。「上・中・下」の三策である。まず「上策」から語らせてもらう。

上策──いかにして「反日」から「親日」国家へ変えるか

日本人から見た韓国はたしかに厄介な隣人、「反日」を国策とする病的な「反日国家」である。しかし日本人以外の人びとから見れば、「韓国人」は、たしかに「大中華」以上に中華思想が強く、きわめて排他的であり、ずっと「鎖国」に我執し、「衛正斥邪」運動がそれを象徴している。「反日」だけでなく、すべての「赤の他人」を排斥し、反人類とさえ言える。一見「事大主義」に一貫しているようだが、大国人（支那人）でさえ朝鮮半島においては迫害される。みずから選んだ「大統領」でさえ、ほとんど悲劇的終末を迎える国だ。骨肉の争いが社会の掟だから、日本を別格扱いするはずはない。

とは言っても、台湾の「反日教育」や「反日メディア」は小中華以上の「反日」マインド・コントロールである。

大中華の「抗日」「反日」「仇日《きゅうにち》」運動を見ると、いわゆる「八年抗戦中」に北方諸政府は、ほとんどが「親日政権」だった。中華人民共和国の時代でも胡耀邦は、近代中国の国家指導者の中で、もっとも親日的な人物だと私は断言できる。

韓国史を見ても、日韓・日鮮関係は、決してずっと「隣人相憎」ではない。日本と百済、高句麗との関係においても、唐軍との白村江の役まで友好的であった。日韓合邦時代には、半島はもっとも安定した時代として、「順民」とされる時代だ。

韓国人の反日は朴槿恵元大統領が言う「千年の恨」だから、「永久不変」という断言はたしかに主流意見である。しかし筆者が同調しないのは、朝鮮小中華の人びとはきわめてご都合主義だから、ころころ変わるので、「反日」に一貫性がない。反日の諸条件が変われば、逆転する可能性がある。都合によってすぐ牛から馬にのりかえるので、「反日」から「親日」の可能性は決して不可能ではない。

中策――国際的に真実を発信する

たしかに小中華の反日のお題目は、「日帝三十六年の七奪」をはじめ、性奴隷から、「徴用工」に至るまで、風化をさけるために、いつも新しい「お題目」を探してきている。こうした「歴史」はたいてい虚言がほとんどである。だから同じ土俵ですもうをとるのはタブーと私は思う。

日本は神代から一貫して、「純と誠」をモットーとしているので、国際社会に「真実」を発信しつづけ、大中華と小中華の「歴史のウソ」だけではなく、「事物」の真偽をつねに明らかにすることを怠ってはならぬ。「真実はウソに負けるはずがない」

たしかにウソの国や社会には、日本人の「腹を割って真実を語ろう」という姿勢は、カモがネギをしょってやってくるものとみなされる。しかし日本人の「誠心誠意」は決して損ばかりではない。国際的には、日本は大・小中華以上の信用を得ている。それは決して日本製のモノだけではない。人や国への信用である。韓国でも「反日」よりも「用日」が得だという主張が少なくない。もちろん日本もこれから世界の「信用」を強化するためには、ソフトウェアもハードウェアとも、世界への「真実」の発信を怠ってはならぬ。

下策――小中華とのケンカ

韓人の「反日」はいかなる時代も、両班から政治家に至るまで特権階級や反日の利権を貪《むさぼ》る「反日」業者のパフォーマンスと私は見る。正直にして直情的な人びとはすぐそのゆすりたかりやいやがらせの罠に陥るのをさけたい。「交遊謝絶」や「国交断絶」までのケンカは、たしかに売られたケンカを買うのが人情ではあるが、しかし虎視《こし》眈々《たんたん》と漁夫の利を狙っている輩も見逃してはならぬ。

売られたケンカにまんまとのせられるのは、決して得策ではない。小中華は日本とはまったく異なる文化風土、文明空間だから、エートスも異なるのも当然。文明衝突、文化摩擦をさけられないのもあたりまえだ。ましてや中華の国は、内ゲバの歴史伝統があり、骨肉の争いがさけられない。反日のいやがらせにのせられる愚をさけるべきと私はつねに思うのである。

いざケンカをするなら、ほめ殺しという手もあるので、これで内ゲバを増長させるのも一策と思われる。

著者略歴

黄文雄（こう・ぶんゆう）

1938年、台湾生まれ。1964年来日。早稲田大学商学部卒業、明治大学大学院修士課程修了。『中国の没落』（台湾・前衛出版社）が大反響を呼び、評論家活動へ。1994年、巫永福文明評論賞、台湾ペンクラブ賞受賞。日本、中国、韓国など東アジア情勢を文明史の視点から分析し、高く評価されている。著書に『世界を感動させた日本精神』『中国黙示録』『米中韓が仕掛ける「歴史戦」』『学校では教えない植民地の真実』（以上、ビジネス社）ほか17万部のベストセラーとなった『日本人はなぜ中国人、韓国人とこれほどまで違うのか』『世界から絶賛される日本人』『韓国人に教えたい日本と韓国の本当の歴史』（以上、徳間書店）、『もしもの近現代史』（扶桑社）など多数。

写真・共同通信社／アマナイメージズ

なぜ韓国は未来永劫幸せになれないのか

2019年4月1日　第1刷発行

著　者　　黄 文雄

発行者　　唐津 隆

発行所　　株式会社ビジネス社

〒162-0805　東京都新宿区矢来町114番地 神楽坂高橋ビル5階
電話　03(5227)1602　FAX　03(5227)1603
http://www.business-sha.co.jp

印刷・製本　大日本印刷株式会社
〈カバーデザイン〉大谷昌稔
〈本文組版〉茂呂田剛（エムアンドケイ）
〈編集担当〉本田朋子
〈営業担当〉山口健志

ISBN978-4-8284-2083-7